LA

RÉORGANISATION

CADASTRALE

LA

RÉORGANISATION CADASTRALE

ET LA

Conservation du Cadastre EN FRANCE

Par Jules BRETON

Ancien Géomètre de la Compagnie des Chemins de Fer de l'Ouest

EN VENTE

Guillaumin et Cie	L'Auteur
14, Rue Richelieu, 14	73, rue des Batignolles, 73
PARIS	PARIS

1889

INTRODUCTION

INTRODUCTION

> « *Rendre digne et enrichir notre Œuvre des Progrès de la civilisation, des Arts et des Sciences.* »

La Réorganisation graduelle, et la Conservation permanente du Cadastre, font l'objet d'une Étude que nous présentons au Public, espérant qu'un pareil Ouvrage, destiné à faire connaître le moyen pratique et peu coûteux d'accomplir rapidement une réforme d'utilité publique, sera accueilli avec bienveillance et apprécié impartialement.

Cette réforme (que nous cherchons à faciliter, en proposant pour la mettre à exécution, les procédés les plus acceptables), cette réforme s'impose au point de vue de tous les intérêts particuliers résultant de la possession du sol, et dont l'ensemble constitue l'intérêt souverain de l'État.

Elle est urgente entre toutes; sa vaste complexité a peut-être été, jusqu'à ce jour, le principal obstacle à toute tentative de réalisation ; mais on s'est toujours trop exagéré, à notre avis, les difficultés de l'entreprise. La Réorganisation cadastrale, telle que nous la concevons, n'implique pas dans l'administration ou les les coutumes locales, le bouleversement que l'on redoute sans réflexion ; elle peut, dans un laps de temps relativement court, s'effectuer par transformation, pour ainsi dire par substitution, et cela au prix de sacrifices pécuniaires minimes, que compenserait presque immédiatement dans une large mesure une péréquation mieux entendue de l'impôt foncier.

Nous n'ignorons point qu'en cherchant à provoquer une réforme de ce genre, nous aurons contre nous toute une coalition de timorés et de mécontents; nous rassurerons sans peine les premiers par la clarté, la solidité, de notre système ; bornons-nous à rappelre que vers l'époque dont nous avons avec orgueil fêté récemment le Centenaire, Mirabeau définissait ainsi la COTISATION à laquelle ils voudraient se soustraire : « L'impôt est une dette commune aux citoyens ».

⁂

Nous ne pensons pas qu'il soit nécessaire de nous livrer ici à une critique minutieuse du CADASTRE, tel que nous le voyons fonctionner. Chacun, en effet, sait à quoi s'en tenir sur l'insuffisance, l'inanité, les inconvénients de cette institution, considérée dans son état actuel, et que nous espérons voir restaurer par le gouvernement auquel nous devons déjà tant d'améliorations et de progrès. Nous constaterons donc seulement, avec tous les gens compétents, que le CADASTRE fonctionne mal, suivant une conception surannée, par les moyens précaires d'une organisation défectueuse ; les résultats qu'il donne sont incomplets, souvent erronés, et ne font plus autorité pour personne : en un mot, on ne croit plus au CADASTRE, en France, que sur la foi de la tradition.

Il résulte de cet état de choses des désagréments multiples, parmi lesquels nous ne citerons que les principaux, dont il est facile d'en déduire d'autres en grand nombre :

1° Le CADASTRE OFFICIEL étant à proprement parler distinct de la DÉLIMITATION de la propriété, à laquelle en tout cas il ne peut servir de base certaine, en raison de ses nombreuses irrégularités, la délimitation n'est pas indéniable, et se trouve continuellement exposée à toutes sortes de contestations.

2° Les incertitudes cadastrales se reportent forcément sur la valeur de la propriété, dont l'appréciation est ainsi soumise pour une part assez considérable à l'arbitraire.

3° La distinction des terrains, par leur valeur ou revenu, qui est un des objets du CADASTRE, s'applique ainsi à des surfaces inexactement déterminées; en outre, la classification, aussi bien que le classement, n'ayant pas été contrôlés depuis de longues années, il s'ensuit que les numéros de classes ne se rapportent plus toujours à la valeur réelle de certains terrains ou de leur productivité; de là, une inégale répartition de l'impôt; de telle sorte que certains propriétaires parmi les moins favorisés dans leurs entreprises agraires, sont écrasés par les droits fiscaux, alors que d'autres payent des impôts insignifiants pour des terrains que l'amélioration de leur nature ou de leur production a ramenés à la première classe. Dans le même ordre d'idées, il faut remarquer que beaucoup de propriétaires, grâce aux défectuosités cadastrales, ne payent pas d'impôts du tout, pour d'assez grandes parties de leurs domaines.

4° Le Cadastre n'étant pas dressé pour toute la France à une échelle unique, il serait très difficile, pour ne pas dire plus, d'évaluer exactement la contenance et la valeur de la propriété foncière privée, imposable; cet inconvénient, pour être d'ordre purement administratif, ne laisserait pas, en maintes circonstances, de présenter quelque gravité; il peut en outre être la cause de contestations entre particuliers, ou entre ceux-ci et les agents du fisc.

Enfin, sans nous attacher plus longtemps à démontrer l'utilité d'une réforme que tous les citoyens réclament et attendent avec impatience, nous allons examiner d'une façon sommaire les avantages qui résulteraient de notre Réorganisation cadastrale, effectuée soigneusement, une fois pour toutes, et considérée comme base de toutes les modifications futures de la forme et de la nature de la propriété foncière.

Les moyens d'exécution, évaluations de dépenses et bénéfices, questions de détail, etc., sont traités dans l'Ouvrage dont le présent avant-propos indique le but.

*
* *

On entend par CADASTRE l'ensemble des opérations au moyen desquelles l'étendue, la nature et le produit des biens-fonds sont déterminés dans le but de répartir équitablement l'impôt foncier.

L'impôt foncier étant perçu par l'État, dont il constitue une des principales ressources, on peut conclure de cette définition que toute question cadastrale doit être traitée de façon à satisfaire aux exigences de l'État, tout en ménageant les intérêts particuliers, et qu'il y a lieu en outre d'introduire dans la discussion d'un tel sujet des considérations générales extrêmement importantes au point de vue politique et social.

Notre projet de réorganisation du cadastre est conçu de telle sorte que l'on doive précisément arriver, par son application, à la conciliation définitive d'intérêts si divers. C'est ce que nous exposons ci-après, nous étant réservé, comme il est dit plus haut, d'examiner à fond, dans notre Ouvrage, chaque partie de la question.

*
* *

Il est évident que l'État ne pourrait subvenir à ses besoins sans avoir recours à des impôts : ceux-ci sont de toute sorte; un des plus importants par son rapport et ses conséquences est l'impôt foncier, le seul dont nous ayons à nous occuper ici. De même que tous les autres, ce dernier doit être établi d'après des principes conformes à l'équité, et dont les principaux, entre ceux qui doivent lui servir de base, peuvent se résumer ainsi :

« Il ne doit être établi que des impôts productifs et justes, autant dans leur principe que dans leurs conditions d'application. — L'impôt doit être également réparti sur tout le monde. » La première de ces règles ne saurait être discutée ; il en est de même de la seconde, que nous sommes heureux de formuler exactement dans les termes dont se servirent, pour émettre un vœu en pareille matière, les États généraux de 1355.

Il importe donc que l'impôt foncier soit « productif et juste », et également réparti « sur tout le monde ». Mais pour qu'il réunisse ces conditions, il devra être calculé sur des données certaines, au moyen de procédés uniformes, et suivant des classifications impartiales.

Données certaines, procédés uniformes, classifications impartiales, font également défaut, à l'heure présente, au fonctionnement du cadastre ; on n'obtiendra jamais une prérequation juste et régulière de l'impôt foncier en continuant d'opérer arbitrairement, avec des procédés variables, sur des données inexactes, et des classifications trop rarement vérifiées. Les tâtonnements, les erreurs et l'impuissance de la méthode actuelle font subir à l'État un préjudice général qui retombe sur les intérêts particuliers, de même que les préjudices d'intérêt particulier ont pour conséquence de compromettre gravement les intérêts, la prospérité de l'État. Or, la prospérité de l'État dépendant en grande partie de la perception régulière et équitable d'un impôt foncier suffisant, et cet impôt devant être calculé de manière à ne pas léser les intérêts particuliers, tout en donnant un rendement satisfaisant, nous voyons déjà que le pays tout entier devra trouver de réels avantages dans la substitution progressive d'un cadastre BIEN ENTENDU, à une institution caduque.

Mais, afin d'éviter toute confusion, il est logique de ne déterminer à nouveau les ressources financières fournies à l'État par la propriété foncière, qu'après avoir RECONNU définitivement la délimitation de chaque surface imposable, tout en procédant, par le moyen indiqué dans notre Ouvrage, à une Réorganisation cadastrale dont les bienfaits seront ensuite rendus permanents par une soigneuse conservation.

Nous n'avons pas à parler ici de ce que peut coûter une pareille réforme et de ce qu'elle rapportera : il est évident que, si elle devait être onéreuse à l'État et ruiner les particuliers, nous ne la proposerions pas. Nous connaissons d'ailleurs les arguments avec lesquels notre projet peut être combattu ; on obérerait le Trésor — on ruinerait les propriétaires — on n'en finirait plus, etc. : nous ferons justice, par des chiffres, de ces lieux communs que la plupart des gens répètent sans en savoir la valeur, et que d'autres proclament, au contraire, parce qu'ils ont tout intérêt au maintien d'un défectueux état de choses.

La question cadastrale est plus délicate à traiter au point de vue des intérêts particuliers, non pas que ceux-ci nous paraissent mériter moins de considération que ceux de l'État, mais parce que les propriétaires fonciers, en général mal éclairés sur les avantages que leur procurerait une sérieuse revision cadastrale, n'envisagent pas sans effroi les difficultés présumées de cette opération, dont ils redoutent surtout les imaginaires conséquences fiscales. Il nous faut donc les convaincre d'abord par l'exposé d'un raisonnement auquel se rallieront, nous n'en doutons pas, tous ceux qui sont de bonne foi.

Ils conviendront bien avec nous que les quelques démarches, auxquelles ils pourraient être assujettis pendant la durée des opérations pratiques d'une revision cadastrale, sont, relativement, ce qu'il y a de moins important en l'espèce, étant donné surtout qu'ils bénéficieront largement du résultat. Nous les prévenons en outre que nos procédés d'exécution pratique n'exigent pas le cortége des anciennes formalités administratives dont ils pourraient s'effrayer à juste titre ; nous opérerons d'une façon extrêmement simplifiée et cependant rigoureusement exacte : notre Ouvrage les édifiera sur ce point.

*
* *

Passons donc tout de suite à la partie financière de la Réorganisation. Nous prouvons, dans notre Ouvrage, que notre méthode n'implique, dès le principe, aucun débours exigible des propriétaires. Les travaux devant être effectués sans nécessiter de leur part un concours pécuniaire proprement dit, il ne nous reste à examiner, d'une façon générale, que les résultats.

Une Réorganisation consciencieuse du cadastre implique aussi la revision et la consécration des délimitations, ainsi qu'une nouvelle classification et un classement intelligent des propriétés imposables, nous en indiquerons les meilleurs procédés.

La classification en vigueur est, en général, très ancienne et a peu varié administrativement : en tout cas, il n'est pas douteux que les terrains ont, à différentes époques, considérablement changé de valeur, soit que l'on considère seulement leur qualité proprement dite, soit que l'on s'attache à ce qu'ils produisent ou à ce qu'ils rapportent. Il faut reconnaître, de plus, que depuis ce temps ils se sont, EN GÉNÉRAL, améliorés, tant en qualité qu'en productivité. Cependant, certaines terres que l'on considérait naguère comme des non-valeurs, tels que les marais, polders etc., et qui, ayant été mises en culture depuis, donnent actuellement des revenus, continuent à être tout à fait, ou relativement, exonérées de l'impôt. D'un autre côté, tels terrains qui furent classés en dernière catégorie, et affectés ensuite à des exploitations industrielles ou commerciales, permettent aujourd'hui aux Compagnies de chemins de fer, aux industriels, etc., de réaliser, par leur usage, des profits qui laissent loin derrière eux ceux que l'on peut attendre de l'agriculture.

Enfin une assez grande partie du territoire est affectée à des parcs, jardins, etc., et n'est pourtant point imposée plus que ne le sont les meilleures terres labourables, bien qu'ayant été enlevée à la culture pour le pur agrément. Il nous paraît donc absolument équitable et nécessaire de classer à nouveau les terrains, de telle façon que leur qualité propre soit déterminée, aussi bien que le revenu qu'ils sont susceptibles de fournir, afin que l'impôt puisse être réparti également, de quelque manière que ce soit, et que chacun supporte les charges de la propriété, proportionnellement AUX PROFITS OU A L'AGRÉMENT qu'il en retire.

Nous verrons plus loin qu'une reclassification des terres, telle que nous la concevons, peut avoir des conséquences d'ordre supérieur : qu'il nous suffise pour l'instant d'ajouter que, à cette nouvelle répartition des charges publiques, les propriétés trop imposées — par suite d'une mauvaise évaluation ou d'un amoindrissement de valeur — gagneraient d'être dégrevées ; tandis qu'au contraire, celles dont les charges sont proportionnellement inférieures à leur valeur ou à leur revenu, seraient frappées d'un impôt plus élevé tout en restant raisonnable.

Or, en supposant que les besoins de l'État restent les mêmes, et qu'il n'y ait pas lieu par conséquent, de porter l'impôt foncier, en général, à un total plus élevé, on voit aisément que le mode nouveau de fixation et de répartition de cet impôt ne tarderait pas à produire un excédent CONSIDÉRABLE de recettes, ce qui, dans un temps rapproché, permettrait de réduire (proportionnellement comme elles auraient été augmentées), les charges fiscales des propriétaires fonciers.

*
* *

Ce que nous venons d'exposer est trop juste pour rencontrer des contradicteurs; nous sommes assurés de ne trouver des mécontents que dans le camp de ces propriétaires qui s'exonèrent de l'impôt, en totalité ou en partie, à la faveur du désarroi cadastral actuel.

Nous tenons à ajouter, sans entrer maintenant dans de minutieux détails, que, tout compte fait, l'État réaliserait progressivement des excédents de recette, que l'achèvement complet de la Réorganisation cadastrale porterait à un total d'environ cent millions de francs.

Notre Ouvrage indique le moyen de donner, par le Cadastre proprement dit, des bases certaines et invariables à la délimitation des propriétés foncières, et de rendre les délimitations OFFICIELLES et INCONTESTABLES. De plus, l'adjonction OBLIGATOIRE de nos plans particuliers aux états descriptifs des propriétés assure définitivement aux propriétaires la tranquille possession de leurs bien-fonds, et en outre rend la propriété foncière en quelque sorte mobilisable à leur gré.

On verra comment nous aplanissons la grave difficulté des procès dont la délimitation pourrait être cause; nous expliquons aussi la manière de procéder pour tenir constamment « à jour » le CADASTRE transformé, et cela, non seulement en ce qui concerne l'Administration, mais aussi en ce qui intéresse la propriété particulière.

Les avantages que les particuliers retireraient d'une bonne réorganisation cadastrale servant de base à l'exacte détermination de la propriété, sont importants et nombreux. Nous avons fait entrevoir les modifications heureuses qu'elle apporterait dans le régime fiscal; rappelons maintenant aux propriétaires que la délimitation indiscutable, légale, définitive de la propriété représente pour eux la sécurité de la possession, car elle supprime les causes de procès, aide à la bonne gestion, facilite les transactions de toute sorte et la transmission des héritages; augmente enfin de toute façon la valeur des propriétés, mises ainsi désormais à l'abri des prétentions que permettrait d'émettre aux voisins de mauvaise foi, l'incertitude des anciennes limites.

***

Nous avons parlé plus haut de diverses considérations qui tiennent aussi leur place dans la discussion de toute question cadastrale; il serait trop long de les examiner à fond ici; tout au plus pouvons-nous les effleurer.

Nous pensons qu'un cadastre sagement exécuté et conservé serait peut-être l'agent le plus efficace du relèvement moral de l'agriculture en France. En effet, la sécurité de la propriété, définitivement assurée; la juste répartition, sur des terres exactement appréciées, d'un impôt moins élevé, ainsi que les dégrèvements de toute sorte, si considérables, qui seraient la conséquence de l'application de notre projet, ramèneraient aux champs quantité de travailleurs qu'en a chassé l'aridité d'un labeur pénible, dont une trop grande partie du produit est actuellement absorbée par le fisc.

L'agriculteur, le plus humble laboureur, reprendraient courage, et s'attacheraient avec plus de confiance et d'espoir à la culture des terres; il s'ensuivrait dans le rendement des propriétés une plus-value qui, jetée sous une forme quelconque dans la circulation, contribuerait à augmenter le bien-être général.

La création d'une nouvelle catégorie de terrains imposables dans laquelle seraient rangés les terrains improductifs de luxe et d'agrément, que l'on soumettrait à un impôt plus élevé, déciderait probablement les propriétaires à en rendre une grande partie à la culture. Une des conséquences de cette mesure serait d'ouvrir des débouchés nouveaux à l'activité des populations rurales, que ces sages mesures disposeraient favorablement à l'égard du régime auquel en appartiendrait l'initiative.

En un mot, la Réorganisation cadastrale aurait au premier chef pour résultat, croyons-nous, de resserrer les liens qui unissent le cultivateur à la terre.

Les grands propriétaires, de leur côté, ne peuvent que gagner à une réforme de ce genre, en admettant qu'ils reconnaissent de bonne foi comme juste, ce principe que « l'impôt doit-être également réparti sur tout le monde. » Ce qui leur pourrait être demandé d'abord à titre de complément d'impôt, ne tarderait pas à leur être rendu sous diverses formes; car, l'état de l'agriculture, en s'améliorant d'une façon générale, assurerait un écoulement plus avantageux des denrées agricoles.

A beaucoup d'autres points de vue encore, nous poursuivons un but utile. La SIMPLICITÉ de notre système, son UNITÉ, son INGÉNIOSITÉ, ne constituent pas les moindres qualités que l'Administration doit demander à un projet de ce genre: nous ne pouvons exprimer mieux notre pensée à cet égard qu'en disant de nos procédés de réorganisation qu'ils sont « commodes », « pratiques » et « économiques ».

Enfin, il n'est pas jusqu'au service de l'État-Major qui ne puisse, à un moment donné, bénéficier du résultat de nos opérations, en empruntant à nos plans, dressés d'une facon toute particulière, les renseignements qu'il ne pourrait recueillir sur le terrain assez exactement ou assez vite.

***

Nous avons cru devoir faire précéder notre Ouvrage de cet Avertissement, destiné surtout à nous ménager la bienveillance du public, que nous savons généralement peu porté à approfondir la question cadastrale. Question aride d'ailleurs, et dont la solution nous a demandé une longue et profonde étude à laquelle nous étions préparé par un sérieux apprentissage du cadastre.

Nous savons que peu ont, avant nous, osé l'aborder; ceux qui ont étudié la revision du Cadastre sont rares; ceux, en revanche, qui l'attendent et la réclament sont nombreux.

Nous demandons au public toute son indulgence pour les imperfections que notre travail pourrait présenter, priant le lecteur éclairé de considérer principalement l'intention qui nous a dicté ce Livre, dont nous espérons le meilleur effet pour la prospérité publique.

Historique Sommaire

DU CADASTRE

en France

HISTORIQUE SOMMAIRE
du Cadastre en France

Si nous prions le lecteur de jeter avec nous un coup d'œil sur l'Histoire du Cadastre en France, c'est afin de lui faire constater que la Question dont nous cherchons la solution a de tout temps préoccupé les Économistes, tout en étant à diverses époques l'objet de mesures plus ou moins bien appliquées, plus ou moins efficaces, mais qui indiquent en tout cas un continuel souci de la résoudre.

Il est à remarquer d'abord que le Cadastre, jusqu'à présent, a été considéré EXCLUSIVEMENT par l'État comme un moyen de préparer une répartition aussi juste que possible de l'impôt foncier.

La délimitation de la Propriété, en ce qui concerne le DROIT de posséder, en est restée à proprement parler indépendante; car, s'il est arrivé que la DÉLIMITATION ait pu dans certains cas s'autoriser de l'ACTION CADASTRALE, ce n'a été qu'incidemment, par le concours fortuit de circonstances favorables ; et la délimitation, en général, est restée incertaine, contestable, privée de toute sanction officielle définitive.

Tandis que la RÉORGANISATION, effectuée comme nous l'entendons, étendrait au contraire aux limites privées son action protectrice ; le CADASTRE et la DÉLIMITATION procédant l'un de l'autre, et coopérant en dehors de leurs fonctions particulières à l'accomplissement d'une Œuvre commune, s'assureraient mutuellement le bénéfice d'une notoriété légale jusqu'alors réservée aux seules opérations cadastrales.

L'ancienneté du Cadastre est une des nombreuses raisons qui prouvent son utilité.

Les Romains, sans remonter plus haut (bien que ses origines soient plus reculées dans l'antiquité), en avaient appliqué le principe à la répartition de l'Impôt ; le but paraît en avoir été toujours aussi exclusif : FAIRE CONNAITRE A L'ÉTAT LA FORTUNE FONCIÈRE DES CITOYENS.

L'Histoire de cette Institution en France commence, avec un peu d'incertitude, au temps des Mérovingiens ; on peut imaginer aisément les imperfections de méthode et d'application qui devaient rendre largement approximatifs les résultats des travaux effectués à cette époque.

De règne en règne cependant nous voyons s'étendre l'application du Cadastre : bornée forcément d'abord, en réalité, aux parties du royaume les plus effectivement gouvernées, elle s'introduit peu à peu dans les provinces les moins soucieuses de l'autorité royale, comme moyen indispensable d'administration fiscale.

Il était d'ailleurs difficile alors de procéder avec certitude et clarté aux opérations cadastrales; l'esprit d'ordre et de soumission n'était pas assez répandu encore pour que l'accomplissement des travaux ou des formalités prescrits, ne souffrît aucune entrave: les agents qui en étaient chargés n'avaient pas l'autorité, morale ou réelle, nécessaire à l'exécution de leur mandat: Quantité de terres jouissaient de « privilèges » mal définis, souvent même peu authentiques, mais que l'on appliquait autant que possible à les préserver de l'impôt: le pays était troublé par la guerre, par des désordres de toute sorte: les moyens pratiques étaient imparfaits, ou manquaient: il n'existait pour ainsi dire pas de bases certaines d'opérations: on s'en rapportait le plus souvent, pour connaître la contenance des bien-fonds, à la déclaration des propriétaires ou de leurs tenanciers: bien d'autres causes encore concouraient à rendre douteux les renseignements recueillis; bref, si utile que fût la mesure ordonnée, elle était presque toujours inefficacement appliquée, et ne donnait que des résultats insuffisants ou inexacts.

A mesure que l'autorité des Rois de France s'affermit et se centralise entre leurs mains, le Cadastre acquiert plus d'importance; il est bien encore dressé ou revisé par provinces, mais il est moins laissé à la discrétion des pouvoirs vassaux; il est compris notoirement dans les mesures dont l'initiative dépend de l'administration royale.

Charles V, pendant sa régence, en 1359, ordonna de reviser le cadastre du Dauphiné. Charles VII, Charles VIII pour ne citer que ceux-là, ordonnèrent aussi des revisions ou des confections de plans qui ne furent d'ailleurs jamais achevées complètement.

A d'autres époques, sous différents règnes, des opérations sont prescrites, commencées, abandonnées, reprises, etc. Le mauvais état des finances, et les conséquences fâcheuses de l'inégale répartition des charges en faisaient ordonner l'exécution, laquelle rencontrait parfois des difficultés considérables, et par cela même, était indéfiniment retardée, ou restait inachevée.

De François Ier, dont un édit de 1535 prescrivait de cadastrer quatre généralités du Midi de la France, jusqu'à Louis XIV, de nombreuses mesures furent encore ordonnées, mais elles ne durent pas donner de résultats beaucoup plus satisfaisants que les précédentes, car ce fut le désarroi de cette partie de l'administration du royaume qui inspira à Colbert le projet de l'établissement d'un Cadastre *général* et *uniforme*, dont l'exécution tentée, sous sa direction, d'abord par d'Aguesseau, et après lui par Chamillard, fut ajournée à cause des circonstances malheureuses que traversa la France à la fin de ce règne.

Les difficultés financières des temps qui suivirent, jointes à l'absence de bases certaines pour la répartition de l'impôt, firent reprendre les travaux en 1763, sous le ministère de de Laverdy. Mais, ainsi que cela était déjà maintes fois arrivé à différentes époques, les efforts de ce ministre, « qui s'était chargé de mener cette entreprise à bonne fin, échouèrent devant les difficultés de toute nature suscitées par des personnes dont la répartition proportionnelle de l'impôt eût lésé les intérêts. » (Béquet, *Répert. de droit admin.* CAD.).

Il ne faut pas chercher d'autres raisons à l'opposition subie de tout temps par les projets de réforme, de revision, de vérification cadastrales ; ce sont toujours ceux « dont la répartition proportionnelle de l'impôt léserait les intérêts », qui s'élèvent avec aigreur contre les tentatives d'organisation ou de réorganisaion du Cadastre.

On trouve heureusement, à côté de ces exemples du mauvais vouloir de quelques-uns, des preuves du sentiment très répandu de son utilité générale.

Après 1737, époque à laquelle l'exécution en fut commencée dans l'Angoumois, « il produisit d'excellents effets pour l'agriculture et le bien-être des habitants de cette province. » (Dutillet de Villars.)

D'un autre côté, l'on voit des Provinces, reconnaissant les services que cette institution pouvait rendre, se cadastrer d'elles-mêmes, par les soins et l'initiative de leur propre administration : ce furent, notamment, la Champagne, l'Ile-de-France, le Limousin.

Turgot, qui avait expérimenté les bons résultats que cette dernière province retira du Cadastre, voulut, plus tard, lorsqu'il fut Ministre, l'appliquer à toute la France, comme quelques-uns de ses prédécesseurs en avaient eu aussi l'intention.

Choiseul, qui lui succéda, chercha à poursuivre la réalisation de ce projet, mais il ne put le mener à bonne fin.

Les événements qui marquèrent cette époque ne permirent point de s'occuper sérieusement de travaux si considérables ; et l'on continue à ne voir effectuer que des opérations restreintes, au cours desquelles il n'est jamais suivi de règles invariables, et dont les résultats satisfont seulement d'une manière provisoire aux besoins de l'Administration.

Il ne faudrait cependant pas conclure de ce qui précède que le sentiment public en général ait été, durant les diverses phases de l'histoire du Cadastre, hostile à son institution : son établissement était au contraire universellement souhaité, et reconnu d'ailleurs indispensable.

Quantité de Vœux, de Réclamations, d'Observations, émis par des Assemblées locales ou provinciales, ou même par de simples particuliers, légitimaient les tentatives isolées dont nous avons vu plus haut l'historique ; et si les entreprises de ce genre furent abandonnées ou n'eurent pas de résultats satisfaisants, ce fut autant par la faute des circonstances, ou quelquefois de vices de conception, que par de systématiques oppositions de personnages peu nombreux à vrai dire, mais influents, et menacés dans leurs intérêts par la réalisation de tels projets.

Quoi qu'il en fût, à la fin du XVIIIe siècle l'établissement d'un CADASTRE GÉNÉRAL était devenu l'objet de vœux unanimes ; réclamé d'abord par les économistes et les écrivains les plus distingués, comme un bienfait public, on le mettait au rang des Progrès dont la réalisation devait à bref délai changer la face des choses.

En effet, dans les « Cahiers », que les Assemblées électorales remirent en 1789 aux états généraux, la confection d'un cadastre général était demandée par 73 assemblées de la Noblesse, et par 58 du Tiers-État.

De 1789 à 1807, toutes les Assemblées législatives qui se succédèrent, s'occupèrent plus ou moins de cette question importante, la Constituante ordonna, d'abord, la confection d'un cadastre parcellaire ; mais ce travail ne pouvant être entrepris et continué alors, des demi-mesures furent adoptées dans le but d'obtenir de leur application des résultats provisoirement suffisants.

Les députés, durant cette période, ne cessaient point de se faire à la tribune l'écho fidèle des vœux et des revendications des citoyens à cet égard ; et le *Moniteur universel* nous a transmis l'expression du sentiment public à cette époque.

— « Cette opération, disait Montcalm-Gozon en « 1790, à propos du cadastre projeté, est la plus im- « portante pour le bonheur de tous les Français ; elle « pourrait être exécutée en ce moment avec de gran- « des facilités, sans frais considérables et en très peu « de temps. »

Si ce vaste ensemble de travaux pouvait s'effectuer « avec de grandes facilités, sans frais considérables et en très peu de temps » en 1790, c'est-à-dire dans un moment où il n'existait qu'une immense confusion cadastrale, on aurait mauvaise grâce aujourd'hui à déclarer « impraticable » la RÉORGANISA-

TION d'une institution déjà existante, et dont les éléments principaux pourraient être utilisés.

Un autre député, rapporteur de la commission des Impositions, (Dauchy, nov. 1790), disait de son côté :

« .... Le Cadastre seul peut assurer à chaque « citoyen la jouissance complète et tranquille de sa « propriété » ; et il ajoutait un peu plus loin, en parlant de cadastrer les communes..... que « c'était les « obliger à terminer promptement et pour toujours « des contestations dispendieuses, souvent renaissan- « tes pour des démarcations..... »

Si la nécessité en était universellement reconnue, l'uniformité des opérations était jugée non moins importante. En effet, un décret du 23 septembre 1791 en définit le mode et les moyens d'exécution, en vertu de cette considération :

.... « Qu'il est nécessaire de prescrire, pour les « plans qui seront levés en vertu, etc..... des règles « uniformes, afin de lier ces plans à des opérations « plus étendues, et de les diriger toutes vers la con- « fection d'un cadastre général qui aura pour base « les grands triangles de l'Académie. »

La perception des contributions foncières, pendant ce temps, avait forcément lieu en dépit de l'absence d'opérations préliminaires suffisamment exactes ; le pouvoir était, par suite, saisi de réclamations et de plaintes continuelles, auxquelles il se voyait le plus souvent dans l'impossibilité de faire droit.

Il fallut, en procédant par tâtonnements, modifier le régime de cette contribution ; le système des demi-mesures adoptées n'était guère propre à satisfaire les mécontents : les dégrèvements et les exemptions que l'on accorda aux réclamants ne produisirent pour personne de résultats appréciables.

L'obligation imposée en 1801 aux propriétaires de déclarer exactement leurs revenus était trop facile à éluder pour que l'État pût compter longtemps sur la sincérité des déclarations.

L'évaluation par masses de culture, ordonnée en 1803, ne permettait de répartir l'impôt qu'entre les circonscriptions administratives : les particuliers n'y pouvaient gagner que des améliorations insignifiantes.

On eut recours ensuite à un moyen encore plus défectueux, lequel consistait à arpenter 1800 communes choisies sur des points différents du territoire, pour répartir ensuite les charges sur toutes les autres communes de France, par comparaison basée sur les résultats de cet arpentage ; mais il fut bientôt reconnu qu'aucune proportionnalité réelle ne pouvait être établie entre les communes cadastrées et les autres.

La dernière des tentatives de ce genre, dont nous n'avons à dessein cité que les plus importantes consista à opérer par masses de culture et par communes. C'était à peu de chose près ce qui avait été déjà fait plusieurs fois ; aucune juste proportionnalité ne devait s'ensuivre, dans la répartition, pour les propriétaires, dont les déclarations ne purent d'ailleurs jamais concorder avec le résultat des opérations techniques.

Il fallut enfin de toute nécessité se préoccuper de nouveau de la confection du Cadastre parcellaire projeté par la Constituante ; la loi du 15 septembre 1807 en ordonna l'exécution.

Le Cadastre actuel est le même qui fut exécuté en vertu de la Loi de 1807 ; cette loi n'a été modifiée sensiblement, depuis, que dans ses dispositions fiscales, notamment en 1813-1818-1821-1835-1850-1884.

Ce qui a trait aux opérations cadastrales proprement dites, n'a pour ainsi dire pas varié : ce qu'elle édictait à ce sujet était incontestablement nécessaire, mais ne fut pas assez étendu.

Pour que le Cadastre nouvellement créé fût durable, il eût fallu en fusionner définitivement la confection avec la délimitation de la propriété.

C'était bien là d'ailleurs un des buts que le législateur pensait atteindre, et cette intention est exposée dans les Circulaires ministérielles relatives à l'exécution de la loi.

Il y est dit, entre autres choses, que ces opérations fixeront désormais « d'une manière incontestable les limites respectives des propriétés cadastrées ».

Une lettre ministérielle de décembre 1807 va plus loin encore, en reconnaissant que « malgré ses imperfections, l'opération par masses de culture aurait, à la rigueur, pu suffire pour la répartition de l'impôt foncier, s'il n'avait été désirable de profiter de la confection du Cadastre pour reconnaître et fixer les limites respectives des propriétés, de manière à prévenir les procès, etc..... »

Malheureusement, en dépit des bonnes intentions dont témoignent ces documents officiels, la délimitation proprement dite fut laissée de côté, et le cadastre parcellaire, tel qu'on l'exécuta, fut accueilli par les propriétaires en général comme une mesure dangereuse pour leurs intérêts.

Ils ne se prêtèrent dès lors en aucune façon à sa confection, tandis que beaucoup d'entre eux, au contraire, s'étaient précédemment offerts par la voie des Conseils municipaux à la faire effectuer à leur frais, mais de la manière reconnue la plus logique, c'est-à-dire conformément à la DÉLIMITATION CONTRADICTOIRE.

Les résultats furent donc, comme auparavant, entachés d'erreurs ; et la propriété ne gagna aucune sécurité à l'application de la Loi si impatiemment attendue. Les procès entre particuliers, aussi nombreux que par le passé, se compliquèrent dans certains cas de contestations survenant avec les géomètres, qui opéraient le plus souvent sur les parcelles en leur état apparent, hors de la présence des propriétaires, et sans aucune justification contradictoire de limites.

Enfin, sans entrer dans le détail des faits signalés à diverses reprises et justifiant les réclamations des propriétaires relativement aux effets du Cadastre, on peut aisément constater que les défauts qui lui sont reprochés sont semblables à ceux des anciens cadastres partiels ; il est tombé dans les mêmes erreurs pour avoir dès le commencement négligé de s'assurer la coopération de la délimitation privée, à laquelle par suite il n'a rendu lui-même aucun service.

Il eût été nécessaire, pour obtenir de bons résultats de cette institution, de respecter dans la pratique l'intention du législateur, EN INTÉRESSANT LES POPULATIONS A SON ÉTABLISSEMENT.

D'un autre côté, la complète absence de méthode dans la manière de procéder, laissée le plus souvent à la discrétion de l'opérateur, ne donne pas aux résultats des opérations terminées l'autorité qu'il serait indispensable de leur voir reconnaître par les particuliers.

La négligence ou la lenteur apportés dans son exécution, en ont au delà de toute prévision reculé l'achèvement : les opérations une fois faites n'ont plus été revues ; le Cadastre, en d'autres termes, n'a pas été « conservé ». N'ayant pas été modifié suivant les continuelles mutations de la propriété, il n'est plus maintenant « à jour », de telle sorte que, incomplètement achevé, il est déjà à refaire presqu'en entier.

C'est dans l'HISTOIRE du Cadastre qu'il faut chercher les enseignements dont on devra tenir compte, pour rendre durable sa Réorganisation ; c'est de la MANIÈRE DE L'EXÉCUTER, et de sa CONSERVATION que dépend l'importance des services que l'on attend de lui ; confectionné tant bien que mal, et point entretenu ensuite, il ne saurait donner de résultats convenables.

Ce n'est pas de période en période que l'on doit reviser un cadastre dont l'administration attend journellement des renseignements indispensables : c'est CONSTAMMENT, TOUS LES JOURS, au fur et à mesure des moindres mutations que subit continuellement la propriété foncière.

Son but principal est d'assurer la répartition équitable de l'impôt foncier : il doit donc être, avant tout, exactement confectionné, car l'impôt foncier ne saurait être ÉQUITABLEMENT RÉPARTI sur des propriétés INEXACTEMENT DÉFINIES.

Cela comporte essentiellement pour les propriétés leur délimitation INCONTESTABLE ; leur classification, les évaluations de toute sorte auxquelles elles pourraient être soumises selon l'espèce d'impôt que l'on se propose d'établir, ne peuvent avoir lieu, logiquement, que lorsque leurs limites auront été reconnues, et déterminées de telle sorte qu'il ne puisse ultérieurement s'élever à leur sujet aucune contestation.

En résumé, pour que l'impôt foncier soit équitablement réparti entre les propriétés par le Cadastre parcellaire, il faut que ses opérations puissent s'exécuter, se vérifier et se justifier par des délimitations dont l'exactitude aura été définitivement reconnue par les intéressés. La délimitation et le Cadastre se prêteront ainsi l'appui de leur confirmation, de leur consécration réciproques, et serviront de bases indiscutables aux futurs titres de propriété.

Enfin, il est indispensable que le cadastre ainsi obtenu, lié à la propriété, soit CONSERVÉ, afin qu'il échappe à la désorganisation, et offre continuellement à l'État, et aux particuliers, les garanties que l'on a vainement demandées jusqu'à ce jour à la défectueuse institution dont nous venons de rappeler sommairement l'HISTORIQUE.

PRELIMINAIRES

LA

RÉORGANISATION ET LA CONSERVATION du Cadastre

PRÉLIMINAIRES

§ I

Nous avons, dans notre INTRODUCTION, défini le Cadastre: l'Ensemble des opérations au moyen desquelles l'étendue, la nature et le produit des biens-fonds sont déterminés, dans le but de répartir équitablement l'impôt foncier ».

Mais la NATURE et le PRODUIT des biens-fonds ne pouvant être exactement déterminés en vue d'une équitable répartition de l'impôt que si leur ÉTENDUE a été préalablement reconnue et précisée, il s'ensuit que la Réorganisation du Cadastre devra porter en premier lieu sur les procédés actuellement en usage pour effectuer les OPÉRATIONS CADASTRALES proprement dites.

Comme d'un autre côté les renseignements fournis par la délimitation privée sont indispensables à l'établissement du Cadastre, et qu'il est utile autant que juste d'accorder à la DÉLIMITATION la notoriété légale réservée aux OPÉRATIONS CADASTRALES, qui en procèdent en grande partie, notre système s'efforce de les rendre inséparables désormais, tout en les faisant bénéficier de la même consécration.

§ II

Notre système est exposé précisément dans l'ordre qui devrait être observé pour procéder à la Réorganisation.

La délimitation y est constamment employée EN FONCTION du Cadastre; nous pensons en effet que les propriétaires fonciers ne sauraient être écartés d'opérations à l'exactitude desquelles ils sont directement intéressés.

En tout cas, nous nous sommes appliqué à développer notre projet de telle façon que l'évidence de la nécessité d'une Réorganisation par les moyens indiqués ressorte de la lecture même de l'ouvrage.

§ III

Bien que nous entrions pour ainsi dire directement dans la discussion du sujet qui nous occupe, nous n'en maintenons pas moins que notre œuvre doit s'accomplir graduellement, et par la substitution progressive d'une organisation nouvelle à l'ancienne.

Si certaines mesures, entre celles proposées peuvent être prises immédiatement, il en est d'autres qui ne doivent être appliquées, au contraire, qu'au fur et à mesure que se produiront les mutations auxquelles est soumise la propriété ; nous évitons ainsi la confusion, et les frais qu'entraînerait une reconstitution complète, immédiate du Cadastre.

Nous nous plaçons d'ailleurs dans l'hypothèse qu'une Loi explicite aura ordonné et réglementé la Réorganisation dans toutes ses parties ; seules, quelques mesures PRÉLIMINAIRES dont il est question dans notre ouvrage, pourraient être rendues obligatoires dès le début par un décret, en attendant la promulgation de la loi à intervenir.

Comme il importe qu'une Loi de cette nature soit très détaillée et prévoie exactement tous les cas susceptibles de se présenter en matière de Cadastre comprenant aussi la délimitation, le Gouvernement pourrait en mettre le projet au concours.

§ IV

Si nous nous préoccupons davantage de la manière d'effectuer les opérations cadastrales proprement dites c'est parce que leurs résultats constituent réellement les bases de l'Institution que nous voudrions voir modifier.

Les moyens par lesquels on détermine la NATURE et le PRODUIT des bien-fonds sont indépendants de ceux employés pour en connaître l'ÉTENDUE ; ceux-ci doivent être invariables et uniformes, car les erreurs dans la « mesure » multiplieraient le préjudice résultant d'une mauvaise évaluation, et pourraient avoir des conséquences d'autant plus fâcheuses qu'elles ne sont pas immédiatement apparentes — il paraît en tous cas logique, et conforme à l'équité, d'unifier les procédés d'opération.

Tandis que les premiers au contraire peuvent être quelconques, pourvu qu'ils soient employés avec intelligence et bonne foi : la CLASSIFICATION et le CLASSEMENT sont affaires d'appéciation, et l'on ne peut en réalité réglementer, en pareille matière, que les termes de comparaison, lesquels devront être choisis d'après les résultats des plus récentes statistiques — mais quel que soit le soin apporté dans leur désignation, il sera toujours facile à des experts peu consciencieux de n'en point tenir compte dans leurs jugements.

Les erreurs commises dans cette partie des opérations cadastrales sont faciles à constater ; et leur rectification peut être obtenue par les intéressés au moyen de quelques formalités administratives.

Il n'en est point ainsi des erreurs dans les plans, commises par suite d'opérations mal faites sur le terrain ; ces dernières nécessiteraient la vérification sur place de toutes les parcelles lésées, et pourraient obliger à refaire entièrement le cadastre de la section, voire de la commune, où elles se trouvent enclavées.

C'est donc principalement dans la partie géométrique, graphique, du Cadastre, que nous cherchons à provoquer d'utiles réformes.

§ V

La RÉORGANISATION, telle que nous la souhaitons, comporte nécessairement la CONSERVATION du Cadastre, qui aura pour but de tenir constamment à jour les divers plans, tableaux, registres, titres, pièces de toute sorte concernant la propriété foncière.

Il serait oiseux de s'étendre longuement sur l'utilité d'une pareille mesure ; nous rappelons seulement que le mauvais état actuel du Cadastre résulte d'une longue incurie administrative, pleinement excusée par les lacunes de la Loi de 1807.

La conservation devra être exercée dès le début, puis au fur et à mesure de la Réorganisation, dont elle est la conséquence nécessaire et logique.

La Réorganisation et la Conservation perpétuelle seraient assurées par un personnel spécial de conservateurs du Cadastre.

Ces agents dont la mission serait parfaitement définie et permanente, opéreraient sous leur propre responsabilité « et constitueraient un corps de fonctionnaires relevant directement de l'autorité supérieure.

Il n'y a point de raisons, en effet, pour ne pas charger de ce service si important des agents tout spéciaux qui y soient attachés à demeure, avec les avantages qu'il convient de leur réserver ; cela existe pour les Postes, par exemple, et pour bien d'autres services publics, dont l'importance n'est pas plus considérable que celle du Cadastre.

§ VI

Ne perdant point de vue dans notre Ouvrage, que le but du Cadastre est essentiellement fiscal, nous exposons nos idées relativement à une péréquation mieux entendue et plus avantageuse de l'impôt foncier ; ce qui a trait à la fixation et à la répartition de cet impôt est tout particulier, et ne peut être discuté utilement qu'entre économistes et financiers.

Cependant nous pensons que l'important est de connaître d'abord, avec certitude, les superficies imposables ; il y a ensuite, pour déterminer l'espèce et la quotité de l'impôt, à tenir compte de diverses considérations que nous laissons au législateur le soin d'apprécier avec justice.

Nous nous bornons donc à émettre à ce sujet notre opinion personnelle, qui est du reste partagée par l'immense majorité des intéressés.

§ VII

Relativement aux dépenses et bénéfices de la Réorganisation, nous nous bornons à dessein à des évaluations approximatives, mais cependant proportionnelles, car nous ne croyons pas devoir préciser de chiffres exacts en ce qui concerne certaines parties de notre réforme que nous déclarons soumettre, quant à leur mode d'application, à l'appréciation du Législateur.

Il est hors de doute que cette réforme, pouvant être accomplie sans frais relativement considérables, donnerait des excédents budgétaires très élevés ; et cela doit ressortir de la lecture du chapitre VI, où nous traitons sommairement la partie financière.

D'un autre côté, il est toujours possible de modifier l'économie d'un projet quelconque, lorsqu'on en vient à sa réalisation ; et personne ne sera d'avis que la vaste utilité du nôtre puisse être en rien diminuée parce qu'il aurait coûté à appliquer un peu plus ou moins, dès l'instant surtout qu'il doit en résulter pour les particuliers et pour l'État un bénéfice certain.

§ VIII

Nous complétons notre ouvrage par un examen succinct des Cadastres étrangers.

Nous ne nous sommes inspiré en aucune façon des procédés de nos voisins ; cependant nous désirons montrer au Lecteur que notre projet est d'accord, sur beaucoup de points importants, avec ce que leurs principes ont de meilleur.

Il résulte malheureusement de cet examen que, dans certains pays, le Cadastre fonctionne mieux que chez nous, et que l'on y retire de nombreux avantages de sa conservation.

Il serait regrettable que la France demeurât sous ce rapport en arrière de Nations qui lui sont à tous les autres égards très inférieures.

§ IX

Nous ne devons pas omettre de faire observer que la méthode que nous proposons pour RÉORGANISER le Cadastre en France, pourrait être également appliquée à CONFECTIONNER celui d'un pays dépourvu de cette institution.

En effet, les opérations nouvelles que nous substituons aux anciennes pourraient aussi bien être effectuées sans interruption.

Nous consacrons d'ailleurs un chapitre étendu aux « Territoires non Cadastrés. »

§ X

Enfin, nous cherchons à établir que la Réorganisation du Cadastre, non seulement est utile et possible, mais encore serait en général avantageuse pour tout le monde; et nous démontrons qu'elle peut être accomplie sans de très grandes difficultés.

Il est en tout cas certain que l'application des mesures que nous proposons amènerait dans le fonctionnement du CADASTRE en France des progrès parallèles à ceux obtenus déjà dans nos autres institutions. Si donc il est difficile d'arriver à la dernière perfection en cette matière, du moins est-il toujours possible d'y réaliser d'importantes améliorations ; et nous serions sincèrement heureux de les voir s'accomplir, pour le bien-être général, d'après les moyens que nous indiquons.

CHAPITRE Ier

REVISION

des travaux techniques

§ 1er. — Ramener les Plans du Cadastre, à une échelle unique, pour toute la France.

§ 2. — Autographier les Plans. — Premier usage des autographies. — Opérations sur le terrain.

§ 3. — Indications sur l'autographie de la Section des opérations effectuées. — Contrôle des désignations. — Plan-minute définitif.

CHAPITRE PREMIER

REVISION DES TRAVAUX TECHNIQUES

§ I. — Ramener les plans du Cadastre à une échelle unique pour toute la France.

Notre but étant de réorganiser le Cadastre, nous devons nous efforcer de l'atteindre en utilisant autant que possible les résultats des travaux déjà accomplis.

Les plans dont le Service du Cadastre fait actuellement usage sont dressés à des échelles différentes: $\frac{1}{1000}$, $\frac{1}{1250}$, $\frac{1}{2500}$.

Cela nous semble contraire à l'esprit de régularité qui doit présider à la mise en pratique de toute conception d'ordre administratif; en outre, il en peut résulter divers inconvénients.

La première qualité du Cadastre doit être l'UNITÉ. Les plans actuellement en usage devront donc être ramenés à une seule et même échelle, soit celle de

$\frac{1}{1000}$, par le moyen de la réduction photographique.

Nous n'avons pas à préconiser ici l'emploi de tel système de réduction, de préférence à tel autre; nous pensons seulement que certains procédés employés pour la réduction d'œuvres artistiques ou de plans de toute sorte, et donnant d'excellents résultats, pourraient être utilisés sur l'avis d'une Commission spéciale.

Quoiqu'il en soit, le SEUL système adopté devra être rendu réglementaire, ainsi que la manière d'en appliquer les procédés à la réduction des plans cadastraux.

§ 2. — Autographier les plans. — Premier usage des autographies. — Opérations sur le terrain.

Les plans, photographiés ou non, mais ramenés à l'échelle unique de $\frac{1}{1000}$, devront être reproduits en autographies, et tirés à un nombre d'exemplaires suffisant, que fera évaluer l'examen des chapitres et paragraphes suivants.

Le CONSERVATEUR DU CADASTRE (*) vérifiera ou indiquera définitivement sur les autographies le tracé et l'emprise des Chemins de fer, canaux, routes nationales, etc., etc. (VOIR CHAP. II, § 1.)

L'indication de ces voies ou surfaces complètera les plans de sections, tout en constituant un ensem-

---

(*) CONSERVATEUR DU CADASTRE : Nous définissons plus loin les attributions de ce fonctionnaire, et disons par qui il peut être suppléé, en attendant le commencement effectif de la Réorganisation.

ble, un RÉSEAU de bases invariables et définitives, qui aidera considérablement aux travaux ultérieurs.

Le Conservateur appelé à opérer sur le terrain, soit pour cause de mutations, soit sur la demande des propriétaires (CHAP. II, § 3) déterminera d'abord sur l'autographie du plan de section la masse générale dans laquelle il aura à effectuer des opérations.

Les limites de cette masse doivent être choisies entre des lignes de démarcation invariables par nature ; ce seront, AUTANT QUE POSSIBLE, des éléments du RÉSEAU dont il est parlé plus haut, qui serviront de repères ou de bases géométriques.

Il lèvera ensuite les parcelles d'après leur état apparent ; et il calculera la superficie totale de la masse, qui devra se vérifier par le total des parcelles levées.

Après quoi, il établira, par soustraction, la différence qui pourrait exister entre la superficie totale de la masse, — obtenue par le calcul, et vérifiée par la totalisation de la superficie des parcelles — et la superficie obtenue en additionnant celles indiquées par les Titres de Propriété, dont il lui aura été préalablement donné copie certifiée, (VOIR CHAP. II, § 2.)

La différence de superficie, EN PLUS OU EN MOINS, sera provisoirement répartie au prorata sur le plan entre les riverains.

Il fera enfin procéder sur le terrain à un piquetage préparatoire, suivant les limites qu'il aura déterminées.

Ces opérations préparatoires terminées, les propriétaires intéressés seront OFFICIELLEMENT convoqués sur le terrain, et TENUS de se rendre ou se faire représenter à la convocation, sous peine de se voir imposer d'office les délimitations qui y seront arrêtées.

Le Conservateur du Cadastre énoncera le résultat de ses travaux, qui sera discuté entre les intéressés.

Le débat contradictoire ayant fait connaître le rejet ou l'acceptation des répartitions par les propriétaires, il en sera dressé séance tenante un procès-verbal signé de toutes les parties et du Conservateur.

Le procès-verbal AMIABLE, constatant l'adhésion de tous les intéressés aux répartitions acceptées sur le terrain, deviendra définitif après un délai à déterminer, et moyennant l'accomplissement des formalités légales nécessaires.

Le procès-verbal JUDICIAIRE, indiquant minutieusement l'objet de la Contestation, sera soumis à l'examen d'un tribunal spécial, dit des CONFLITS CADASTRAUX (VOIR CHAP. II, § 4), qui statuera sur le litige, et dont les arrêts ne pourront être portés devant les Tribunaux d'appel désignés à cet effet, que dans des cas à fixer par la Loi.

§. 3. — Indication sur l'autographie de la Section des opérations effectuées. — Contrôle des désignations. — Plan-minute définitif.

Le conservateur aura porté le résultat des opérations indiquées ci-dessus sur une autographie du plan de la section lui servant de minute.

Cette autographie, qui devra autant que possible

servir jusqu'à complète revision de la Section représentée, sera pour ainsi dire la « main-courante graphique » des opérations cadastrales.

Les changements dans la délimitation, ou tous ceux qu'il y aurait à apporter à l'état primitif du plan, seront indiqués soigneusement à l'encre rouge, afin que l'on ne puisse confondre le nouveau tracé avec le tracé autographique.

Chaque fois qu'il y aura lieu de porter, sur l'autographie en cours de revision, une mutation quelconque, le Conservateur s'assurera de l'exactitude des désignations de parcelles ou de lieux, et de leur concordance avec les anciennes.

Lorsqu'une Section aura été entièrement revisée de la manière indiquée plus haut, et que les délais fixés pour l'irrévocabilité des procès-verbaux (§ 2. ci-dessus) seront révolus, le Conservateur dressera à l'encre de Chine le plan de la section revisée.

Les plans primitifs, avec la première autographie corrigée, seront conservés à titre de documents justificatifs ; mais le nouveau plan, établi d'après les corrections du premier, sera le PLAN-MINUTE définitif de la Section, et servira de document fondamental pour toutes les opérations cadastrales ultérieures.

Il en sera tiré des autographies pour servir à préparer les travaux de mutation sur le terrain, pour être vendues aux administrations, aux particuliers, etc...

Le PLAN-MINUTE, sur lequel les mutations seront désormais tenues à jour, sera, par suite, le document ORIGINAL de la Conservation du Cadastre.

CHAPITRE II

Participation des Propriétaires et Concours de la Délimitation privée à la Réorganisation

§ 1. — Vérification, indication du tracé des voies ferrées, voies publiques, etc.

§ 2. — Dépôt des Titres de Propriété aux Secrétariats de Mairies.

§ 3. — Opérations délimitatives sur le terrain.

§ 4. — Contestations. — Tribunal des conflits cadastraux.

§ 5. — Plans particuliers, ou " Titres graphiques de Propriété ".

§ 6. — Observations sur l'abornement.

§ 7. — Échanges de parcelles. — Redressement de limites. — Chemins de servitude.

CHAPITRE II

PARTICIPATION DES PROPRIÉTAIRES & CONCOURS DE LA DÉLIMITATION PRIVÉE A LA RÉORGANISATION

§ I. — Vérification, Indication du tracé des voies ferrées, voies publiques; etc., etc...

Comme mesure préparatoire de Réorganisation, le service des Ponts et Chaussées, et les Compagnies de Chemins de fer, considérés ici comme particuliers occupant une certaine partie du territoire, seront tenus de faire vérifier les délimitations et surfaces des terrains dépendant de leur administration.

Ils devront ensuite faire porter leurs observations rectificatives, ou indications de tracé, sur les autographies de Section qui leur seront fournies par l'État à cet effet.

Ce travail devra être fait par leurs soins, et pour chaque section partiellement occupée.

Les autographies vérifiées et complétées seront officiellement remises au Conservateur du Cadastre, qui en fera l'usage indiqué au chap. précédent.

Nous croyons devoir faire remarquer ici que ce travail pourra être rapidement effectué (en deux ans, au plus) et sans frais appréciables pour les Services intéressés, qui disposent déjà d'un personnel spécial, instruit et intelligent.

Les indications dont il est question dans ce paragraphe ne figurent pas, en général, jusqu'à présent, sur les plans cadastraux, où il n'existe le plus souvent aucun indice du tracé des voies ferrées; c'est à peine si parfois l'axe en est indiqué par un simple trait au crayon.

§ 2. — Dépôt des titres de propriété aux Secrétariats des Mairies.

Comme il nous paraît indispensable de faire concourir « effectivement » la DÉLIMITATION privée aux opérations de la Réorganisation, nous indiquons ci-après les deux manières — également pratiques, mais dont le choix appartient au Législateur — dont il convient de procéder pour obtenir le concours préparatoire de cet élément, de telle sorte que les résultats n'en puissent être ultérieurement récusés par des intéressés de mauvaise foi.

A. Les Maires, dans chaque commune, feront distribuer aux propriétaires par des agents assermentés, (Gardes champêtres, etc.), des bulletins imprimés (Réduction de notre tableau matriciel n° 2) divisés en colonnes, portant en tête l'explication des renseignements qui doivent y être inscrits ; les propriétaires porteront sur ces bulletins toutes les indications à leur connaissance et conformes à leurs titres de propriété, concernant la consistance, la mesure, la classification, le classement de leurs parcelles, ainsi que la quotité d'impôt afférente à chacune d'elles, et leurs désignations matricielles.

Ces bulletins seront signés par les propriétaires qui les auront remplis, et officiellement remis aux mairies dans le délai à déterminer.

Ou bien, les particuliers devront déposer leurs titres de propriété aux Secrétariats des Mairies, dans les communes dont les propriétés relèvent : ce dépôt devra être effectué contre reçu, et dans les délais fixés par la Loi.

Il sera relevé sur ces Titres, par les soins des Mairies, toutes les indications se rapportant au Cadastre ou à la Délimitation ; les propriétaires feraient au même moment, par écrit, la déclaration de celles qui n'y seraient pas mentionnées, afin que l'on soit en possession, par le fait du dépôt officiel de leurs Titres, complété suivant leurs déclarations, de tous les renseignements concernant leurs propriétés.

L'état qui en sera dressé sera remis certifié au Conservateur du Cadastre, pour lui servir à collationner les renseignements fournis par les titres avec ceux recueillis sur le terrain, et ceux portés au plan qu'il s'agit de reviser.

Si l'on pouvait compter, dans la pratique, sur un usage intelligent et sincère des BULLETINS par tous les propriétaires également animés du désir de favoriser la Réorganisation, le premier moyen (A) serait préférable au second, en ce qu'il permettrait de recueillir du même coup tous les renseignements nécessaires à la fois, pour reviser le Cadastre et pour faire un recensement général de la propriété foncière en France.

Le deuxième moyen (B) prévoit mieux les cas possibles d'ignorance ou de mauvais vouloir de certains propriétaires.

§ 3. — Opérations délimitatives sur le terrain.

Chaque fois qu'il se produira des mutations, ou sur la demande des propriétaires, les intéressés seront convoqués sur le terrain, et le Conservateur du Cadastre procédera en leur présence, et après débat contradictoire entre eux, à une nouvelle reconnaissance ou à la modification des délimitations de parcelles, suivis AUTANT QUE POSSIBLE d'un bornage définitif. Pour les travaux préparatoires à cette convocation, voir notre Chap. Ier, § 2.

§ 4. — Contestations.

Notre précédent Chapitre prévoit le cas de contestations qui pourraient s'élever entre les particuliers et le Conservateur, ou seulement entre particuliers, à propos d'opérations cadastrales.

Les contestations de cette nature pourraient être portées devant une COMMISSION DE RÉPARTITEURS, lorsqu'il s'agirait de modifications à apporter dans les anciennes délimitations; ces Répartiteurs seraient choisis parmi les propriétaires de la commune où l'on opérerait. La composition de la Commission serait fixée par la Loi.

L'appel des décisions des Répartiteurs serait porté devant un Tribunal des Conflits cadastraux, institué dans chaque canton ou arrondissement, composé également de propriétaires fonciers assistés du Conservateur et d'un magistrat.

Il nous paraît préférable en effet de faire juger par des propriétaires, autant que possible agriculteurs, les différends survenant entre leurs pairs.

Les Juges de paix ont été jusqu'à ce jour chargés de se prononcer dans les causes de cette nature; mais elles ne sont pas, nous semble-t-il, de celles qu'il faut le plus souvent considérer au point de vue juridique; et elles doivent au contraire être examinées sous des aspects très divers, que les propriétaires d'une même région apprécieront mieux que n'importe qui : les questions de mitoyenneté et de servitude, par exemple.

Cette manière de procéder serait en tout cas plus économique que l'ancienne, car elle n'imposerait pas aux parties des frais d'expertise, de vacations, etc., qu'entraîne presque toujours l'intervention des Juges de paix.

Le Tribunal des Conflits serait institué dans l'intérêt commun, comme une sorte de Jury agraire dont les membres ne recevraient à raison de leurs fonctions aucune rétribution. Un dernier Tribunal, désigné par la Loi, jugerait en dernier ressort.

Enfin, ces divers tribunaux pourraient aussi connaître des différends en matière de classification, classements, etc.

§ 5. — **Plans particuliers, ou Titres graphiques de propriété.**

A. — Les propriétaires des terrains officiellement délimités (pour cause de mutations — ou sur leur demande — ou encore par application de la Loi qui les obligera à soumettre leurs propriétés à cette formalité dans un délai déterminé), devront se faire délivrer par le Conservateur du Cadastre un Extrait du plan revisé de la ou des Sections dans lesquelles se trouvent leurs terrains délimités.

B. — Des amendes ou toutes autres peines seront infligées aux propriétaires qui n'auraient pas rempli dans un délai suffisant les formalités prescrites pour la délivrance de ce Plan-Extrait.

C. — Cet Extrait du plan général sera en réalité un plan particulier présentant les renseignements de toute nature concernant les terrains ; il sera en tout conforme au plan-minute et dressé à l'échelle : coté autant que possible. Le papier servant à son établissement sera conforme au règlement (Chap. III, § 2).

Après avoir été certifié et enregisté, il sera remis aux propriétaires et constituera dès lors un Titre graphique, authentique, de propriété. Il devra être annexé au Titre descriptif notarié, et il sera représenté ou modifié à chaque transaction ou mutation entraînant le Concours de formalités légales.

Chaque modification sera enregistrée.

Les plans seront livrés aux acquéreurs du fonds, et porteront la mention de la transaction. Un espace y sera spécialement réservé à l'inscription des diverses observations.

D. — L'adjonction du Titre Graphique au Titre notarié sera obligatoire pour chaque propriétaire, à partir du jour où sera devenu irrévocable le dernier procès-verbal de délimitation intéressant la propriété. Les deux titres ne pourront plus être désormais produits l'un sans l'autre, et il ne sera effectué aucune transaction sans la production de tous les deux.

Les titres descriptifs, actes de vente, etc., devront désigner les parcelles par les lettres et chiffres (ou: arguments) des marges; (chap. III, § 2): par exemple, la parcelle portant au Cadastre le n° 26 de la Section A, devra être en outre indiquée par : 3 — D, et se retrouvera, sur le plan de Section et sur le Titre Graphique, en faisant cadrer les colonnes ayant en tête 3 et D.

Si une parcelle occupe plusieurs carrés, on désignera les arguments du carré central ou de celui qui en contient la plus grande partie.

E. — Les baux de toute sorte feront mention d'indications se rapportant aux plans, ou Titres Graphiques, d'une manière indiscutable.

F. — Il en sera de même pour les actes hypothécaires, dont on indiquera en outre la nature et le montant au verso du Titre Graphique.

G. — Notre chapitre VI traite des dépenses et recettes présumées, relativement aux autographies et plans particuliers.

§ 6. — Observations sur l'abornement.

Quand nous demandons l'abornement régulier (chapitres I, II, IV, V, divers §§) et général des parcelles, nous n'entendons pas que l'on doive indiquer par des BORNES, spécialement, toutes les extrémités de lignes séparatives ou délimitatives de parcelles, bien que nous reconnaissions qu'il vaudrait mieux agir ainsi, si cela était possible dans la pratique.

Nous entendons par là que toutes les parcelles devront, dans un temps plus ou moins long, être soumises à un mesurage contradictoire, par cotes déterminées, rattachées, et appuyées de bornes autant que possible.

Il est bien entendu que les parcelles déjà pourvues d'un bornage régulier seraient maintenues dans cet état.

Pour les autres, il serait procédé à leur délimitation et bornage, suivant les principes du droit juridique et coutumier.

En cas d'absence de Titres authentiques, le bornage pourrait avoir lieu, être maintenu, ou être rendu administrativement définitif, suivant l'état apparent de la possession, mais seulement lorsque le propriétaire justifierait de la possession trentenaire sans contestation, et si la propriété se trouvait limitée par des limites bien apparentes telles que : murs, fossés, haies, masses plantées, etc.

Dans les autres cas, l'absence de Titres entraînerait la convocation de tous les riverains sur le terrain, et la reconnaissance contradictoire des limites.

§ 7. — **Échanges de Parcelles. — Redressement de limites.**

Nous appelons l'attention du Lecteur sur l'importante question de l'échange des parcelles et du Redressement des limites: ce seraient deux des plus utiles réformes à introduire dans le fonctionnement du Cadastre français, et si nous ne les préconisons pas PRÉCISÉMENT en traitant de la Réorganisation en France de cette institution, du moins recommandons-nous formellement de les comprendre dans l'ensemble des actes légaux qui constitueront dans l'avenir, le Cadastre renouvelé, et dans tout projet sérieux d'organisation cadastrale applicable à un pays quelconque.

Nous devons faire remarquer d'ailleurs que, même en France, l'adoption immédiate de ces deux mesures de « Régularisation » ne provoquerait pas le moindre mécontentement, et serait au contraire accueillie de la manière la plus bienveillante.

En effet, l'instruction a fait depuis quelques années dans nos campagnes des progrès considérables: les populations rurales demandent et espèrent toutes les améliorations à l'état actuel de l'Agriculture; les routines sont peu à peu abandonnées; le sentiment de méfiance et d'hostilité contre l'Impôt, resté dans l'esprit des paysans en général, par suite d'abus de l'ancien régime, tend à disparaître; l'Impôt commence à être un peu partout pris pour ce qu'il est en réalité: un mal nécessaire. Enfin, les habitants des cantons restés les plus arriérés savent que leurs intérêts particuliers sont intimement liés à ceux de l'État.

Ces raisons nous conduisent à croire que les mesures dont nous nous occupons dans ce paragraphe pourraient être appliquées sans difficulté, et que les conservateurs du Cadastre amèneraient les propriétaires à y consentir, en leur en démontrant l'utilité.

Les Conseils généraux et d'arrondissement, les Maires, les Conseils municipaux devraient, de leur côté, patronner et encourager ces transactions amiables, que leur autorité morale suffirait le plus souvent à faire accepter de part et d'autre.

L'échange de parcelles, consenti entre propriétaires voisins (ou peu éloignés), dans le but de réunir en propriétés d'un seul tenant, autant que possible, l'équivalent de parcelles éparses ou enclavées dans des domaines étrangers, ne peut que produire d'heureux résultats; il doit être évidemment préférable, pour un propriétaire, de ne posséder que des terres se joignant; et l'application de cette réforme aurait en tous cas pour effet de beaucoup diminuer le morcellement parcellaire.

Le groupement des parcelles facilitera l'exploitation, et permettra par conséquent d'améliorer la culture; en outre, il permettra l'emploi d'instruments aratoires dont le petit morcellement empêche la plupart du temps de se servir.

Enfin, l'Impôt foncier appliqué à de plus vastes surfaces, sera plus facile à déterminer, à percevoir, et à contrôler ; et, moins les lignes séparatives de propriétés seront nombreuses, moins les déprédations de terrain et les déformations de parcelles seront à redouter : plus aisé aussi sera l'abornement délimitatif officiel.

Nous ne pourrions mieux prouver l'utilité de ces échanges qu'en signalant un des mille graves inconvénients de la dispersion des parcelles, que tout le monde a pu remarquer comme nous.

Si une voie ferrée coupe en deux une propriété loin d'un passage à niveau, d'un pont ou d'un viaduc, le cultivateur, pour se rendre dans la partie située, par rapport à lui, de l'autre côté de la voie, est quelquefois obligé de parcourir deux ou trois kilomètres, avec matériel de culture, attelages, bestiaux, etc. Encore est-il, en arrivant au passage à niveau, souvent aussi obligé d'attendre fort longtemps que les barrières soient ouvertes. Cette difficulté d'accès a en outre pour résultat d'empêcher la surveillance de l'exploitation ou des récoltes.

Ne vaudrait-il pas mieux, lorsqu'il s'agit de quelques parcelles seulement, et chaque fois que les circonstances le permettent, procéder à un échange qui réunirait de part et d'autre de la voie l'équivalent des propriétés éparses ? (Car, en raison de l'irrégularité du périmètre des propriétés en général, il arrive fréquemment que le tracé de la ligne, crée les mêmes inconvénients pour deux propriétaires très voisins, mais habitant de part et d'autre de la voie ferrée.)

Le Redressement des limites a pour but de rétablir en leur état reconnu légitime, les lignes séparatives ou délimitatives ; il est nécessité, dans la plupart de ces cas, par l'incurie de certains cultivateurs (et la mauvaise foi de quelques-uns) qui, empiètent sur des parcelles voisines des leurs propres, en déplaçant ou laissant déplacer par des opérations de culture ou toutes autres causes, les démarcations artificielles. Les parcelles labourées, notamment, sont souvent déformées par le sillage de la charrue, lorsque cet instrument est mal conduit, trop près de la limite du terrain. Il n'est pas question ici, bien entendu, du déplacement de bornes, ou de signes délimitatifs immuables, qui constitue un délit prévu par le Code.

Le redressement des limites doit être décidé après débat contradictoire entre les intéressés en présence du conservateur, et suivi autant que possible d'un bornage durable.

Lorsqu'il s'agira d'un abornement général de terroir ou de finage, nous recommandons de remplacer (dans la mesure du possible) les chemins particuliers d'exploitation, formant servitude sur diverses propriétés, par des chemins publics ; et au besoin même de créer des chemins pour desservir certaines parties dont l'accès laisserait à désirer.

Dans ce cas, on prélèverait au prorata, dans la répartition générale, la surface occupée par ces chemins.

Il pourrait être fait de même pour les communes demandant le creusement, à leur compte, de canaux, rigoles, fossés d'irrigation, etc, etc.

Enfin, le redressement de certains cours d'eau, et la création de digues protectrices contre les inondations pourraient être obtenus dans les mêmes conditions.

Nous ne nous dissimulons point que ces diverses améliorations peuvent rencontrer dès l'abord des malveillances et des difficultés, mais il en est ainsi au début de toutes les réformes utiles. Lorsque les cultivateurs, propriétaires ruraux de toute catégorie, auront vu les Conservateurs du Cadastre à l'Œuvre, et acquis toute confiance en leur intégrité, leur aptitude et leur fermeté, les petits obstacles disparaîtront d'eux-mêmes.

Les intéressés se rendront d'ailleurs vite compte du bénéfice qu'ils doivent retirer de ces mesures, en faveur de leur bien-être et de leurs intérêts particuliers : un calcul simple et judicieux les convaincra sans peine qu'il doit en résulter pour eux de sérieux avantages.

Nous avons eu l'occasion d'expérimenter les bons effets de l'ascendant que peut prendre un bon géomètre sur l'esprit des proprétaires, lorsque nous opérions dans les environs de Paris, où nous avions affaire à des cultivateurs très laborieux, mais aussi très soucieux de leurs intérêts (à juste titre, d'ailleurs, puisqu'en cette partie de la région, les terres, outre leur valeur propre de culture, ont une valeur conventionnelle et éventuelle, comme susceptibles d'être transformées, dans un temps plus ou moins long, en propriétés bâtics).

Ils s'accoutumèrent vite aux transactions et aux opérations dont nous avons parlé, aussi bien qu'à toutes celles que nous eûmes à pratiquer et finirent par accepter tous nos résultats sans les faire, comme d'habitude, contrôler par des géomètres à eux, bien qu'ils fussent la plupart du temps obligés de rendre gorge.

Signalons à cette occasion qu'il nous est même arrivé parfois de nous voir appelé à rechercher, pour la borner, une parcelle dont il n'existait plus la moindre trace sur le terrain ; d'ailleurs, les parcelles sur lesquelles nous avions à opérer avaient TOUTES été plus ou moins rognées. (1).

Nous opérions cependant alors dans les circonstances les plus défavorables (relativement à l'approbation de nos travaux par les propriétaires) ; car il est à remarquer que, dans la répartition générale d'une masse, et surtout aux environs de Paris, la contenance totale réelle dépasse presque toujours la contenance totale accusée par les Titres de propriété ce qui occasionne un « boni » à répartir. Cela tient entre autres causes, à ce que certaines parties de cette région (telles que les MURGERS, par exemple, aujourd'hui disparus) ne payant point d'impôts lors de la Confection du Cadastre, n'avaient pas été portés aux Matrices.

---

(1). Elles provenaient en général d'excédents du Chemin de fer de l'Ouest, et étaient le plus souvent incultes.

CHAPITRE III

Uniformité, description et usage des divers papiers, plans, instruments etc., Tableaux matriciels.

---

§ 1. Uniformité des instruments, papiers, écritures, teintes, etc.
§ 2. Papier à plans.
§ 3. Format des papiers à plans.
§ 4. Description et usage des plans.
§ 5. Plans d'assemblage.
§ 6. Titres graphiques de propriété.
§ 7. Teintes des plans de section et d'assemblage.
§ 8. Matrices actuelles. — Tableaux matriciels.
§ 9. Tenue à jour des plans.

CHAPITRE III

UNIFORMITÉ, DESCRIPTION & USAGE DES DIVERS PAPIERS, PLANS, INSTRUMENTS, TEINTES ; etc. etc. TABLEAUX MATRICIELS.

---

§ I.— Uniformité et usage des Instruments.— Papiers. — Écritures. — Teintes, etc.

Tous les instruments géodésiques et mathématiques dont on sera appelé à faire usage dans les travaux de Réorganisation, et plus tard dans ceux dépendant de la Conservation, seront rigoureusement semblables dans toute la France.

Non seulement les instruments eux-mêmes seront prévus et décrits, mais encore leur mode d'emploi sera défini à l'avance par le règlement.

Certains instruments dont on se sert couramment

dans les opérations d'arpentage, de levé de plans, etc., devront être abandonnés, en raison de leurs nombreux inconvénients ; la « Chaîne d'arpenteur », par exemple, devra être remplacée par un « Ruban décamètre » en acier, marqué et pointé aux distances voulues.

La Conservation du Cadastre sera toujours pourvue de l'un des instruments principaux, lequel aura été étalonné, et ne devra servir qu'à la vérification de ceux dont on fera usage dans le canton.

Nous ne saurions trop, à ce propos, recommander l'emploi d'un autre instrument de mensuration que nous croyons appelé à rendre de signalés services aux points de vue de l'exactitude et de la rapidité d'opération et qui est, ainsi que le graphomètre qui le complète, de l'invention de l'auteur.

Il se compose essentiellement d'un fil de fer trempé, du diamètre convenable, enroulé sur une bobine, et long entre ses marques extrêmes de 100 mètres, d'où son nom « d'hectomètre ».

Ce fil de fer est marqué par décamètres et mètres, et l'ordre des divisions est frappé sur un aplatissement du métal ménagé auprès de la marque.

Il est terminé à chaque extrémité par une poignée de cuivre susceptible de s'adapter à d'autres semblables, afin de n'avoir pas à relever le fil pour mesurer plusieurs hectomètres consécutifs. Enfin, à l'une des extrémités, un petit appareil fonctionnant à l'aide d'une vis, permet de corriger la dilatation.

Cet instrument est complété par le nombre suffisant de jalons, portant chacun une fourche qui repose sur un collier à vis, au moyen duquel la fourche monte et descend à volonté le long du jalon.

Le fil de fer repose de distance en distance sur les fourches de jalons placés dans la direction convenable. Son horizontalité parfaite ou son inclinaison sont assurées par la manœuvre des colliers à vis, et déterminées à l'aide d'un second instrument que nous allons décrire et qui est le complément de celui-ci.

Ce second instrument se compose essentiellement d'un niveau, d'une lunette mobile suffisamment puissante et garnie de deux fils (horizontal et vertical), et et d'un demi-cercle vertical gradué, avec son vernier.

On voit tout de suite que le « niveau » sert à chercher l'horizontalité de l'hectomètre sur les terrains plans.

Lorsqu'il s'agit d'opérer sur des pentes, le fil de fer ayant été déroulé dans la direction voulue, et bien tendu au moyen de raidisseurs dans le sens de la déclivité du terrain sert à prendre la longueur de la ligne à mesurer ; le second instrument est placé dans la position la plus convenable par rapport à « l'hectomètre ». C'est-à-dire sur le point de départ.

La lunette mobile, tournant sur le demi-cercle vertical, sert alors à prendre, avec la ligne du niveau, l'angle formé à l'œil de l'observateur par la ligne mesurée sur le terrain et l'horizontale; on connaît par la mensuration la longueur de la ligne du terrain.

Il est facile de se rendre compte que les éléments ainsi connus font partie d'un triangle rectangle : ce sont l'hypoténuse et les trois angles (celui qui n'est pas mesurérésultant de la somme des deux autres).

Le côté horizontal est facile à en déduire : c'est celuique l'on doitappliquer sur le plan, et le géomètre, pour ne pas charger son croquis de notes, peut le calculer immédiatement à l'aide de Tables spéciales dont il a eu soin de se munir.

L'emploi de l'HECTOMÈTRE sur les terrains sensiblement plans ne paraît demander aucune explication : les jalons à fourches servent dans ce cas à maintenir l'horizontalité obtenue par la tension, et à corriger les petites déclivités partielles du sol.

Faisons remarquer enfin que l'HECTOMÈTRE, par sa forme et son mode d'emploi, peut servir à transporter sur le terrain les lignes du quadrillage, et facilite ainsi la construction graphique du plan.

Les Graphomètres (nous ne sommes par partisan de l'emploi des théodolites, instruments trop coûteux, lourds et délicats), devront avoir un diamètre au moins double de celui des instruments dont on se sert généralement aujourd'hui.

Ils seront munis d'un vernier nickelé, et la lunette puissante, étant mobile, permettra de tracer, avec des jalons en bois de $0^m,10$ à $0^m,20$, une ligne parfaite sur le terrain accidenté ou non.

Les croquis sur papier Bulle devront être faits à l'échelle ; ce qui aidera beaucoup à les rendre clairs.

Dans certains cas, un géomètre expérimenté peut se passer de croquis, et se servir d'un simple carnet.

Les lignes d'opérations devront être cotées dans

le sens de la marche, et en cotes cumulées ; la vérification devra toujours avoir lieu dans le sens inverse.

Les équerres seront en fonte, avec pinnule pour la moitié d'une face, et alidade pour l'autre côté.

Les modèles d'écriture, chiffres conventionnels, signes divers, etc., à employer dans l'exécution des plans, seront également soumis à un règlement et rassemblés en un TABLEAU-MODÈLE qui sera affiché dans chaque Conservation du Cadastre.

Les numéros du Cadastre seront faits à l'encre bleue.

Un tableau spécial indiquera les teintes affectées à désigner les natures de culture : elles seront à peu près semblables à celles adoptées par l'Administration des Finances dans les Atlas dressés en exécution de l'art. 1er de la Loi d'août 1879 ; savoir :

1° Les bâtiments (pierre).	Gris (encre de chine).
2° — (bois torchis).	Terre de Sienne.
3° Les eaux	bleu : teinte fondue sur les bords.
4° Les limites de Section.	Un liséré jaune, (fort, 4 m/m.).
5° — des lieux dit.	Un liséré jaune, (faible, 2 m/m).

Les six natures de culture qu'il peut y avoir à indiquer se reconnaîtront au moyen des teintes suivantes :

1° Terres arables. . . .	Terre de Sienne brûlée.

2° Jardins	Vermillon ou Magenta.
3° Vignes	Carmin.
4° Bois	Vert-bois, (bleu et terre de Sienne).
5° Prés-Pâtures	Vert-pré, (bleu et gomme-gutte).
6° Friches ou Landes . .	Sépia naturelle.

Sur une feuille d'assemblage (réduction photographique) de la série des autographies de toute la commune, les parcelles seront teintées suivant leurs natures de culture au moyen des teintes adoptées, et dont l'intensité sera uniforme pour la même classe.

La classification y sera indiquée en superposant les teintes en dégradé, de telle façon que les teintes représentées soient bien apparentes. Le nombre des teintes indiquera la classe; ainsi :

1° — La 5° classe sera indiquée par une seule teinte.					
2° — La 4°	—	—	—	deux	Teintes superposées.
3° — La 3°	—	—	—	trois	
4° — La 2°	—	—	—	quatre	
5° — La 1re	—	—	—	cinq	

§ 2. **Papiers à plans.**

Quant au papier, nous croyons devoir lui consacrer dans nos projets un paragraphe spécial, en raison de l'influence considérable exercée par ses qualités sur la confection et la durée d'un bon plan.

Non seulement il est indispensable de fixer par un règlement les dimensions des feuilles devant servir à l'exécution des plans, mais encore on devra mettre au Concours la qualité du papier, qui sera très supérieure comme pâte et comme fabrication, on pourra éviter ainsi de fâcheux rétrécissements, qui dénaturent d'ordinaire les proportions du dessin.

Si l'on ne peut annuler entièrement cet inconvénient, on obtiendra du moins, par une bonne fabrication, et avec une bonne pâte, un rétrécissement uniforme qu'il sera facile de prévoir et de proportionner à la durée présumée des plans.

Le papier, ayant été SUFFISAMMENT SÉCHÉ, sera soumis, avant d'être livré aux Conservations, à une opération consistant à diviser chaque feuille en CARRÉS par des lignes verticales et horizontales, parallèles et perpendiculaires entre elles, au moyen de procédés automatiques de gravure ou d'impression.

Les lignes ainsi tracées seront équidistantes d'un décimètre, suivant l'échelle de : un millimètre par mètre, ce qui fera représenter à chaque CARRÉ un hectare de terrain.

On devra tenir compte dans cette opération du rétrécissement moyen du papier, pour la durée du plan que nous évaluons à 30 ans ; ce délai étant sensiblement celui durant lequel la propriété foncière, en France, subit son renouvellement général, par suite des mutations particulières.

Une marge de côté, et la marge supérieure, sur chaque feuille, porteront dans les interlignes des arguments: numériques (sur le côté), et alphabétiques (en haut); de telle sorte qu'une case quelconque puisse être immédiatement retrouvée et désignée, en faisant cadrer les interlignes. Les principaux avantages de cette division préalable et uniforme du papier à plans sont les suivants :

— Elle facilite et assure l'établissement à une échelle uniforme de tous les plans.

— Chaque CARRÉ du papier ayant exactement un centimètre de côté, le nombre des carrés entiers et l'examen mathématique des fractions de carrés contenues dans la Section permettent de trouver immédiatement sa surface totale. On peut opérer de même pour connaître celle d'une ou plusieurs parcelles réunies.

— La position des carrés par rapport aux arguments des marges permet : de retrouver sans peine n'importe quelle parcelle sur le plan ; et, en transportant idéalement les lignes sur le terrain, et les dirigeant suivant les indications de repères du plan, de retrouver, sans confusion possible et à première vue une parcelle située dans l'intérieur de la Section, ce qui est extrêmement important, et fait disparaître tout prétexte à contestation sur l'emplacement de la parcelle cherchée.

— Ce QUADRILLAGE peut aussi, dans certains cas, où l'exactitude mathématique n'est pas indispensable, suppléer à la triangulation (sur le papier) des Sections, masses ou parcelles (opération longue, et très minutieuse), puisqu'il indique comme nous venons de le voir, par le nombre des carrés entiers, le nombre d'hectares de la contenance.

Pour évaluer les fractions, on se servira d'un RAPPORTEUR DE SURFACE (en verre) divisé en carrés d'un décimètre de côté, et subdivisé en carrés d'un centimètre, de sorte que chaque carré représente un are de terrain (Invention de l'auteur). Par ce système, on peut dans très peu de temps se rendre compte si la surface totale de la masse des propriétés portée sur les tableaux matriciels d'une Section concorde avec celle accusée par le plan. Par cela même, les Répartiteurs pourront aisément vérifier les détails de la contenance et si des parcelles n'avaient pas été portées à la matrice cadastrale, ils s'en apercevront et pourront par suite rectifier les erreurs commises.

Les lignes du quadrillage peuvent aussi servir le plus souvent de bases d'opérations sur le terrain, et rendre ainsi des services considérables à l'opérateur, en facilitant et en abrégeant beaucoup le travail.

On devra procéder dans ce cas de la façon suivante :

— Déterminer sur une ligne du quadrillé, et à proximité du centre d'opérations, un certain nombre de points choisis sur cette ligne idéale ; les prendre à l'échelle sur le plan, et les reporter sur le terrain (à l'aide de jalons, s'il n'existe pas d'autres moyens de repères) ;

— Tracer une ligne droite (moyenne) ;

— Déterminer de 100 en 100 mètres des sécantes perpendiculaires sur cette première ligne : ainsi de suite pour chacune des autres que l'on trace parallèles à la droite moyenne. On peut ainsi construire un réseau de lignes d'opérations se vérifiant les unes par les autres, et dont le géomètre tirera le plus grand parti. Il va sans dire qu'il peut négliger de tracer les lignes du réseau qui lui seraient inutiles.

Enfin, ces lignes d'échelle servant, dès la confection du plan, il sera facile à un moment quelconque de déterminer exactement le rétrécissement du papier et d'obvier à cet inconvénient sans pour cela se livrer à des calculs ou se servir d'aucun autre instrument que d'un double décimètre en bois, gradué suivant les proportions du rétrécissement (Invention de l'auteur).

§ 3. — Format des papiers à plans.

Nous ne jugeons pas utile de prévoir exactement ici les dimensions des papiers : disons seulement que l'on devra en fabriquer, par les mêmes procédés et avec la même pâte, de trois formats, au moins.

Le premier, le plus grand, servira pour l'établissement des plans d'assemblage, et ne sera pas tracé d'avance ; les feuilles, devant servir à des plans d'assemblage QUELCONQUES, pourraient se trouver trop petites, si de grandes surfaces devaient y être groupées à l'échelle dont on aura fait usage pour les sections. Il devra toutefois être quadrillé aussi, mais à une échelle laissée à l'appréciation de l'opérateur, et le QUADRILLAGE s'effectuera à la main.

Le format n° 2 sera adopté pour les feuilles qui serviront à l'établissement des plans de Section, pour lesquels l'échelle devra être unique, les divisions du papier étant tracées uniformément et automatiquement.

Enfin, un troisième format (le plus petit), sera divisé suivant l'échelle dix fois plus petite que celle adoptée pour les plans de Section ci-dessus, de façon que les carrés expriment proportionnellement les mêmes surfaces, et servira à l'établissement des plans particuliers (ou Titres Graphiques de propriété.)

(Dans le cas où le plan de la propriété pourra être contenu, à l'échelle de $\frac{1}{1000}$ pour mètre dans le format du Titre notarié, le Conservateur se servira du papier n° 2.)

§ 4. — Description et Usage des Plans.

La Collection des plans, pour chaque circonscription administrative, comprendra :

1° La Série complète de chaque commune, déposée au chef-lieu de canton.

2° La Série complète de chaque commune, déposée à la mairie.

La Série se compose de :

1° Un plan d'assemblage.

2° Un plan pour chaque Section, sur feuille détachée.

(Chacune de ces feuilles détachées, ou plan de Section, sera accompagnée d'un ou plusieurs tableaux de mêmes dimensions, destinés à remplacer les anciennes matrices (§ 8 suivant).

Les anciens Atlas seront supprimés : ils présentent de nombreux inconvénients dont les principaux sont : d'abîmer, de froisser les plans ; d'y faire des plis, et ainsi les couper ; de ne pouvoir être consultés que par une seule personne à la fois, bien qu'ils intéressent toute la commune ; de se déjeter et de détériorer les plans, par le continuel feuilletage auquel ils sont assujettis.

Ils seront remplacés avec avantage par des cartons, dans lesquels on tiendra les plans étendus, accompagnés de leurs Tableaux respectifs, et classés par lettres alphabétiques de Sections.

Nous avons vu que tous les plans parcellaires doivent être dès le début ramenés à une échelle unique, au moyen de la réduction photographique. L'opérateur fera usage dans ce but, d'un papier spécial, quadrillé en vermillon (comme le papier à plans, en ce qui à trait à l'échelle et à la disposition des lignes ; § 2, ci-dessus).

Il devra tenir compte, pour la réduction, du rétrécissement des anciens plans. Il sera du reste guidé en cela par des notes émanant, après examen, d'un Bureau spécial.

Nous rappelons également que les plans photographiés doivent être ensuite autographiés, et distribués dans cet état aux Compagnies de Chemins de fer et aux Ponts et Chaussées, pour recevoir les premières corrections. (Chap. II, § 1er.)

Les Services intéressés porteront sur les autographies des Sections qu'ils occupent ou traversent, toutes les indications de limites et surfaces.

La limite de l'emprise des Chemins de fer sera indiquée par deux lignes superposées, avec un pointillé entre elles ; ex. : .... ; les excédents seront entourés d'un liséré rose.

L'emplacement des routes, chemins latéraux ou détournés, ainsi que celui des cours d'eau dérivés, lorsqu'ils auront été rétrocédés par la Compagnie ; soit à l'État, au Département ou à la Commune, seront entouré d'un liséré BLEU. Dans le cas contraire, c'est-à-dire si ces emplacements sont restés à la charge de la Compagnie, ils seront entourés d'un liséré JAUNE.

L'axe des voies ferrées sera indiqué par un trait suivi de trois points;

EXEMPLE: . . . — . . . — . . . — . . . — . . . —

Le même soin sera apporté dans la détermination des emprises de voies ferrées, canaux, routes, chemins, bornes, etc.

Les plans du Cadastre seront beaucoup plus faciles à dresser lorsque ces mesures préparatoires auront été appliquées; ce travail, comme nous l'avons vu, pourrait être effectué en deux ans au plus, et sans frais de personnel, puisque les Compagnies et les Ponts et Chaussées ont déjà des employés spéciaux et habiles à leur disposition, et qu'en les OBLIGEANT à ces opérations, on reste dans les limites de la Loi de 1807 (et actes suivants).

Les opérations que les Conservateurs seront appelés à effectuer ultérieurement sur les plans demanderont des soins tout particuliers.

Nous savons que la revision de la Section sera accomplie sur une autographie: les parties levées sur le terrain y seront rapportées au DOUBLE DÉCIMÈTRE ÉTALONNÉ, et les points des cotes marqués en premier lieu au PIQUOIR, ou avec la pointe d'un crayon taillé excessivement fin, de façon à pouvoir prendre à l'échelle de $\frac{1}{1000}$, une cote de 0m10 près, c'est-à-dire à un dixième de millimètre.

Les traits, tracés d'abord au crayon, seront reproduits au TRAIT FIN, et très noir, à l'encre de Chine, afin de ne pouvoir être confondus avec le tracé autographique.

Enfin, lorsque la section sera revisée en entier, et que les délimitations cadastrales seront absolument d'accord avec les délimitations privées, l'autographie corrigée sera recopiée à la main, et à l'encre de Chine, sur une de nos feuilles à plans (§ 2 ; ci-dessus), et deviendra le plan original de la Conservation.

Les autographies-minutes, ayant servi aux corrections, les anciens plans, seront remis aux archives de la commune.

§ 5. — **Plans d'assemblage.**

Les plans d'assemblage du Cadastre actuel peuvent servir momentanément à l'application de notre système; les Conservateurs pourront par la suite employer leurs loisirs à en confectionner de nouveaux.

On pourra ainsi obtenir au moyen de la photographie, un plan d'assemblage de commune entière, à une échelle proportionnée à la grandeur de la commune, afin de pouvoir en établir une carte de dimensions ordinaires, laquelle indiquera la nature des propriétés, leur classification, la population, le nombre de chevaux, bœufs; etc.; les revenus, etc.

Cette carte servira aussi à déterminer exactement les dégâts subis par suite de grêle, inondations, etc., (pour les réductions d'impôt).

Enfin, l'importance des surfaces à représenter sur les plans d'assemblage ultérieurement dressés fera connaître l'échelle qu'il conviendra de leur appliquer. Ils devront être établis et tenus avec le plus grand soin, et ne comprendront que des Sections revisées. Nous recommandons pour leur établissement les précautions les plus minutieuses.

§ 6. — **Titres graphiques de Propriété.**

Ils seront établis sur des feuilles du plus petit format de notre papier à plan (§ 2, ci-dessus), spécialement quadrillé en vue de cet usage.

Les parcelles y seront figurées entières, avec celles qui leur sont attenantes, appartenant aux riverains. Le contour de la Section et son orientation y seront figurés autant que possible.

Toutes les parcelles appartenant à un même propriétaire sur la même Section figureront sur un même plan, à leur place respective. Bien que des parcelles d'un même propriétaire soient mitoyennes, si elles sont dans des Sections différentes, il en sera dressé autant de plans différents.

Toutes les parcelles peuvent être comprises dans le même Titre descriptif notarié.

Si une parcelle indépendante changeait de propriétaire, son plan passerait aux mains de l'acquéreur. Si la parcelle soumise à la mutation était comprise parmi d'autres sur un même plan, elle serait rayée ou annulée par des hachures et l'apposition d'un timbre mobile indiquant les renseignements relatifs à la mutation, ou enfin par tout autre moyen qui serait prescrit, et le nouveau propriétaire la ferait à nouveau relever sur plan indépendant, qui porterait mention de la transaction.

Ajoutons enfin que les parcelles, sur les Titres graphiques, seraient placées relativement à leurs arguments de marges respectifs, comme sur le plan de la Section ; de telle sorte que, à la production du Titre graphique, on puisse retrouver une parcelle sur le terrain, aussi facilement que si on l'y cherchait à l'aide du plan cadastral.

§ 7. — **Teintes des plans de Section et d'assemblage.**

Les plans définitifs de Section ne seront pas teintés. Les seules teintes qui devront y être portées représenteront les cours d'eau et les bâtiments.

Cependant, comme la teinte par classifications peut être fort utile en évitant des recherches sur d'autres tableaux ou matrices, le bureau de la Conservation pourrait teinter une autographie de chaque Section par classifications. On n'aurait recours à ce plan pour aucune autre sorte de renseignements, en raison de la modification que pourrait apporter dans les proportions des lignes, l'action du lavis sur le papier.

§ 8. — Matrices actuelles. — Tableaux matriciels.

La matrice cadastrale actuelle consiste, suivant l'importance ou le nombre des parcelles dans les communes, en un ou plusieurs volumes sur lesquels les noms des propriétaires sont d'abord inscrits par ordre de lettre alphabétique, jusqu'à épuisement.

Dans la deuxième partie, les parcelles sont indiquées par Sections, et par ordre de numération classifique.

Outre le numéro de la Section, le lieu-dit ou finage, la contenance, l'évaluation du revenu, la classe de la parcelle sont aussi indiqués.

Chaque fois que les mutations totales ou partielles ont été enregistrées, elles ont été portées à la suite les unes des autres, dans l'ordre où elles se produisaient.

Il en résulte une véritable confusion, dans les communes où les mutations sont fréquentes, et où les registres matriciels ont eu plusieurs volumes : les recherches en deviennent souvent longues et pénibles, et sont dans tous les cas très difficiles.

D'un autre côté, même avec ce mode de procéder à l'inscription des mutations, les mutations ont été plus ou moins fidèlement enregistrées; les matrices sont en général très mal tenues.

Pour remédier à ce désordre de Sections, et aux inconvénients de l'emploi des volumes, il serait préférable de faire accompagner chaque plan de section de son TABLEAU MATRICIEL.

Ce tableau, sur feuille indépendante de fort papier, pourrait être aussi grand que le plan, ce qui permettrait de le diviser en assez de colonnes pour présenter, d'un seul coup d'œil, tous les renseignements (placés sur la même ligne) intéressant la parcelle.

Grâce à deux colonnes spéciales, on pourrait trouver une parcelle dont on ne connaîtrait que la désignation, le numéro du Cadastre, ou seulement le nom du propriétaire.

Une autre colonne renverrait à la nouvelle place assignée à la parcelle sur le tableau, par le fait de la mutation.

Enfin, il serait tenu dans chaque mairie ou dans chaque conservation, un second tableau dit : Tableau de groupement, et sur lequel on réunirait par groupes (avec les indications de parcelles, sections, etc.) toutes les portions de propriété appartenant au même contribuable, disséminées dans une ou plusieurs sections.

Cette série de tableaux peut être complétée par un plan autographié, divisé par figures de parcelles, au centre desquelles on inscrira :

1° Le numéro du Cadastre;
2° Le nom du propriétaire;
3° La superficie;
4° Le revenu.

Chaque fois qu'il se produira un changement dans l'une quelconque de ces indications, elle sera recouverte d'une petite bande de papier collée et sur laquelle la nouvelle indication sera inscrite, suivie de la date du changement.

Ces tableaux prévoient aussi le cas d'un changement de forme de l'impôt : celui où l'on imposerait la valeur vénale des propriétés, au lieu de leur revenu net, tout en tenant compte de celui-ci dans certains cas.

Ce nouveau mode d'impôt, facile à déterminer au moyen de nos tableaux matriciels qui, lorsqu'ils seront complètement établis, donneront le recensement exact de la fortune foncière de la France, est pour ainsi dire mathématiquement équitable.

Le quantum de l'impôt serait voté par les Chambres législatives chaque année, et varierait suivant les besoins du moment.

D'autres raisons militent encore en sa faveur, mais nous ne faisons qu'effleurer cette question, nous efforçant avant tout de rester dans notre rôle.

Nous joignons d'ailleurs à ce chapitre un modèle de ces tableaux, et la manière dont ils sont disposés doit certainement faire comprendre à première vue eur utilité.

Au fur et à mesure que les feuilles se rempliraient elles seraient remplacées par de semblables, jusqu'à ce que toutes les parcelles contenues dans l'une d'elles aient fait mutation.

Les feuilles hors d'usage, ou renouvelées, feraient retour aux archives de la commune.

§ 9. — **Tenue à jour des plans.**

Ils seront tenus « à jour » par le fait même des modifications qu'on leur fera subir par suite des mutations.

Le plus grand soin devra être apporté dans la manière d'indiquer par des signes conventionnels (uniformes et réglementaires) les changements effectués par les propriétaires dans l'aspect et les limites des parcelles.

Le Conservateur devra par conséquent tenir compte de ceux que subiraient les haies, fossés, bâtiments, etc., et numéroter les bornes sur les plans.

Si des parcelles étaient divisées par les propriétaires, pour quelle cause que ce fut, ce fractionnement devrait être reporté sur le plan, avec les indications des nouvelles natures de culture ou affectation.

Et, afin de savoir à volonté l'origine de ces nouvelles parcelles, chaque fraction ainsi créée porterait le numéro de la parcelle originale (en bleu) suivi de l'indication : p^1, p^2, p^3, p^4 ; etc., etc ; ce qui signifierait, par exemple, pour la traduction de cette désignation : B-46 ; p^1, partie 1, enlevée à la parcelle 46, section B.

Mais si ce fractionnement était causé ou suivi par un changement de propriétaire, les fractions enlevées à la parcelle 46 formeraient autant de nouvelles parcelles, sous des numéros différents, qui leur seraient donnés par le Conservateur.

Suivant nos précédentes explications du présent chapitre (§ 2 et autres), nous voyons donc qu'une parcelle quelconque devra se retrouver immédiatement sur le plan, par la connaissance de sa position relativement aux arguments des marges, et qu'elle sera indiquée ainsi, PAR EXEMPLE : Section B ; parcelle (D-3) 36.

TABLEAU N° 1

(États de Sections)

EXPLICATION & USAGE DU TABLEAU N° 1

Ce tableau, destiné à remplacer les États de Sections, a pour objet :

— De faciliter les recherches de parcelles par numéro d'ordre.

— D'indiquer (avec le Tableau n° 2), aux commissaires répartiteurs, la situation et la contenance des parcelles cherchées.

— De faciliter de toute manière les opérations pour la péréquation de l'impôt.

— De présenter à première vue TOUS LES RENSEIGNEMENTS concernant la parcelle cherchée.

Le numéro d'ordre placé en haut, à droite, indique le nombre de feuilles du même tableau déjà remplies pour la section ; le n° 3, par exemple, fait suite au n° 2, et contient les reports des deux premières feuilles, etc., etc.

Les dates placées au-dessous sont celles auxquelles la feuille du tableau a été commencée et achevée de remplir : la date de CLOTURE d'une feuille est reportée sur la suivante comme date d'OUVERTURE, de sorte qu'il n'y ait pas d'interruption apparente dans la tenue à jour des feuilles qui composent le Tableau.

Les colonnes sont remplies comme l'indiquent leurs titres.

Nous ne croyons pas devoir porter les inscriptions hypothécaires sur ce Tableau, qui est laissé à l'examen de tous ceux qui veulent le consulter ; l'indication de renseignements de cette nature pourrait, en effet, devenir préjudiciable aux intéressés, qui peuvent en tout cas désirer que leur situation hypothécaire reste ignorée.

Les hypothèques sont d'ailleurs mentionnées au verso des Titres, et il en pourrait être tenu un registre spécial dans les bureaux d'Enregistrement, et dans chaque arrondissement.

Voir à cet égard notre chap. VII, § 1er.

Les feuilles composant le TABLEAU sont placées, avec leur plan de section respectif, à plat dans une même « chemise » ; et le tout dans un carton AD HOC.

NT DE:

ment de:

de:

DE SECTION

une de:

CADASTRE

(Mod. N° 1)

DATES { d'ouverture: / de clôture:

N° D'ORDRE

Tableau Matriciel de la Section

MS, PRÉNOMS, PROFESSIONS ET DOMICILES DES PROPRIÉTAIRES	DÉSIGNATION		CONTENANCE PARCELLAIRE			NATURE DE CULTURE OU AFFECTATION	ÉVALUATION		CLASSIFICATION des propriétés				RENSEIGNEMENTS sur les propriétés bâties			[illegible]	DATE ET NATURE DE LA DERNIÈRE MUTATION	[illegible]	OBSERVATIONS
	[illegible]	[illegible]	D'APRÈS LES ANCIENS TITRES	D'APRÈS LES ANCIENNES MATRICES	OFFICIELLE		[illegible]	[illegible]	[illegible]	[illegible]	[illegible]	[illegible]	[illegible]	[illegible]	[illegible]				

TABLEAU N° 2

(MATRICE CADASTRALE)

EXPLICATION & USAGE DU TABLEAU N° 2

Ce tableau, destiné à remplacer la Matrice cadastrale, présente le groupement, par sections, de toutes les propriétés appartenant à un même propriétaire dans chaque commune. Outre les renseignements concernant les parcelles, il indique à première vue la somme totale d'impôts à payer par propriétaire et par commune.

Il peut être très utile aux percepteurs ainsi qu'aux particuliers, (pour établir leurs réclamations ou déclaration), en ce qu'il présente — au point de vue de l'impot notamment — tous les renseignements parcellaires.

Il en est d'abord établi un pour chaque contribuable foncier de la commune, et ensuite un par propriétaire nouveau, au fur et à mesure des mutations.

Si tous les biens d'un propriétaires dans la commune passent en de nouvelles mains, son « Tableau récapitulatif » est versé aux archives communales.

Il n'y a pas d'indications spéciales pour remplir les colonnes ; toutes les parcelles d'une même section sont portées à la suite l'une de l'autre : les sections se suivent dans l'ordre alphabétique, et on laisse entre chacune quelques lignes en blanc, pour parer aux mutations éventuelles.

Ces TABLEAUX RÉCAPITULATIFS sont également placés dans un carton, et classés par ordre alphabétique (PREMIÈRE LETTRE DU NOM DE CHAQUE PROPRIÉTAIRE.)

Deux ou plusieurs lettres semblables sont suivies, pour plus de clarté, de numéros ou de nouvelles lettres, mais en italique, et également dans l'ordre alphabétique.

Le numéro placé en haut, à droite, est un simple numéro d'ordre : il peut aussi servir, en considérant celui de la dernière feuille de la collection, à connaitre immédiatement le nombre des propriétaires dans chaque commune.

Même observation que pour le Tableau n° 1, relativement aux inscriptions hypothécaires.

NOTA : Les numéros de Tableaux de Report, dans les deux Tableaux ci-dessus, ainsi que les radiations de propriétés devront être faits à l'encre rouge.

Les timbres de mairies, ainsi que les visa d'ouverture et de clôture des feuilles, et ceux de vérification seront apposés conformément aux prescriptions de la loi.

Et si cette parcelle provient du morcellement d'une autre, sa désignation s'exprimera ainsi, par exemple :

Section B ; parcelle (B-3) 38, p^1 ..., ou p^2 , p^3 , etc., ou mieux : S. B (B-3) 38, p^1 ou p^2 , etc.

Il est bien entendu que l'on ne porte sur le plan que les fractionnements ou modifications de parcelles qui ont été constatées contradictoirement sur le terrain.

NOTA : Il sera bon d'indiquer sur les plans, les repères du nivellement général de la France, par Bourdalone, ainsi que les altitudes principales, telles que seuils d'église, pics, etc.

CHAPITRE IV

Conservation et Conservateurs du Cadastre. École spéciale du Cadastre.

§ 1. Méthode à suivre pour assurer la Conservation.

§ 2. Travaux préliminaires.

§ 3. Mesures effectives de conservation.

§ 4. Conservateurs. — École spéciale du Cadastre. Conservateurs provisoires.

§ 5. Rang et attributions des conservateurs.

§ 6. Personnel supérieur. Inspecteurs.

§ 7. Personnel inférieur. — Agents auxiliaires.

CHAPITRE IV

CONSERVATION & CONSERVATEURS DU CADASTRE. — ÉCOLE SPÉCIALE DU CADASTRE.

§ 1. — Méthode à suivre pour assurer la Conservation.

Les opérations préliminaires rectificatives, indiquées dans notre chapitre premier, et que l'on aura effectuées sur les plans d'abord, et ensuite, sur le terrain, puis contrôlées avec soin, en vue d'assurer un RÉSEAU de bases invariables aux travaux techniques ultérieurs, auront pour résultat de servir d'ASSISES réelles à la Conservation.

L'action de la CONSERVATION commencera, en réalité, avec la RÉORGANISATION même : elle se continuera au fur et à mesure des opérations ; et après que le Cadastre sera entièrement réorganisé.

En d'autres termes, la Conservation et la Réorganisation ne seront qu'une seule et même chose dès le début, et pendant toute la durée de la revision : après quoi, la Conservation sera exercée d'une manière permanente.

L'enregistrement régulier et immédiat, sur toutes les pièces et plans cadastraux, des mutations subies par des parcelles légalement délimitées désormais, et contenues dans des Sections exactement définies, sera par son effet même la Conservation permanente du Cadastre.

§ 2. — Travaux préliminaires.

La Réorganisation du Cadastre peut être entreprise en vertu d'un simple décret ordonnant de prendre les mesures préparatoires indispensables, en attendant que soit promulguée la Loi sur laquelle reposent nos hypothèses.

Nous avons vu (Chap. I et II) que les opérations préliminaires peuvent être exécutées par les soins du personnel des Ponts et Chaussées et des Compagnies de chemin de fer, et contrôlées par qui de droit.

Quant à la préparation matérielle de la Réorganisation, c'est-à-dire cette partie qui a trait : à la photographie, à l'autographie des plans, à leur réception au Dépôt central des reproductions, à leur délivrance aux intéressés, etc., etc., elle pourrait être assurée par la création d'un service spécial provisoire, qui serait chargé de tous les travaux de cette nature.

(Rappelons ici que des services analogues fonctionnent dans presque toutes les administrations de l'État, et qu'il existe, à la Préfecture de police, notamment, un service photographique spécial.)

Il ne nous appartient pas de rechercher s'il serait plus avantageux de confier ces divers travaux à un seul service pour toute la France, ou à des services régionaux ; nous pouvons seulement recommander l'envoi des atlas de plans au service photographique, par séries de communes.

Faisons remarquer en outre que, grâce aux facilités de communication dont on dispose aujourd'hui, l'ensemble de ces diverses opérations ne prendrait pas, relativement, très longtemps, et n'occasionnerait pas des frais excessivement élevés.

§ 3. — Mesures effectives de conservation.

Elles consistent dans la « bonne tenue », dans la « tenue à jour » constante du Cadastre, au fur et à mesure de la Réorganisation, dont les opérations devront être effectuées, pour donner des résultats indéniables et certains, comme nous l'indiquons chaque fois que, dans le cours de cet Ouvrage, nous parlons de la partie pratique de notre projet.

Les mesures de conservation seront exercées par les Conservateurs du Cadastre, dont nous parlons ci-après :

§ 4. — Conservateurs. — École spéciale du Cadastre et Conservateurs provisoires.

Nous ne saurions trop repéter que le CADASTRE

est une des institutions les plus importantes dans l'existence d'un État; on ne doit par conséquent négliger aucun moyen d'assurer son bon fonctionnement, auquel les particuliers sont, aussi, directement et doublement intéressés.

Avant de passer à l'explication du titre du présent paragraphe, nous croyons devoir invoquer cette importance, que nous venons de rappeler, pour nous excuser des longueurs et des répétitions VOULUES que l'on pourrait remarquer dans notre ouvrage.

Le Cadastre — même dans sa partie pratique — est un ensemble d'opérations intimement liées les unes aux autres; on ne peut pas les examiner séparément, sans les étudier aussi dans leurs rapports mutuels.

De là, l'obligation pour nous de revenir parfois à différentes reprises sur un sujet déjà traité; mais nous estimons qu'en pareille matière on ne saurait trop multiplier les explications ; et, désireux d'être avant tout bien compris, nous négligeons volontiers la « forme » en faveur de la « clarté »

Le Cadastre ne peut être CONVENABLEMENT réorganisé et conservé que par des fonctionnaires spéciaux, particulièrement aptes à remplir leur mission, et n'ayant à s'occuper, en dehors de leurs attributions propres, d'aucun autre service public, celui dont ils seront chargés étant de nature à exiger tous leurs soins.

Nous pensons donc qu'un des premiers actes du Gouvernement — supposé désireux de réorganiser le Cadastre — devra être d'instituer une Ecole spéciale, sous n'importe quelle désignation où viendront se former, en vue du service cadastral, des jeunes gens justifiant de l'âge et des connaissances nécessaires pour leur admission.

Tout ce qui se rapporte au CADASTRE, aux points de vue théorique, pratique, administratif, juridique, etc., serait minutieusement enseigné dans cette École, d'où les élèves sortiraient, après avoir subi les examens définitifs, parfaitement instruits de tous les détails de leur futur service et pourvus d'une commission de CONSERVATEUR d'une certaine classe ou de SOUS-CONSERVATEUR.

Le traitement de ces fonctionnaires serait proportionnel à leur position hiérarchique, qui déterminerait aussi l'importance des cantons où ils seraient placés à leur sortie de l'École, ou par voie d'avancement.

Cependant, comme la Réorganisation effective peut être entreprise à un moment quelconque, puisqu'il est possible d'en commencer en réalité les opérations dans chaque circonscription par une plus soigneuse indication des mutations, au fur et à mesure qu'elles se produiront, et dès que les autographies auraient été livrées, corrigées et vérifiées, aux conservations (Chap. II, § 1), il pourrait être dès le début créé par décret des Conservateurs provisoires, pour parer aux premiers besoins du service, en attendant que l'École ait fourni des sujets en nombre suffisant, et convenablement exercés.

Ces Conservateurs provisoires seraient nommés après un concours auquel on admettrait à prendre part — des conducteurs des Ponts et Chaussées, ou d'autres agents de cette administration — d'anciens géomètres du Cadastre qui, réunis en corporation, se recommandent par leur honorabilité, et sont particulièrement versés dans la connaissance des travaux sur le terrain — et enfin, dans une proportion moindre, des géomètres libres, ou autres particuliers, âgés d'au moins 25 ans.

Ces fonctionnaires seraient rendus titulaires de leurs postes après un certain temps d'exercice, pendant lequel ils auraient pu se faire suffisamment apprécier, et suivant le rang hiérarchique qui leur serait attribué dans la titularisation de leur emploi, ils auraient en charge des cantons plus ou moins importants.

Pendant la durée de leurs fonctions provisoires, ils jouiraient des mêmes prérogatives, et seraient astreints aux mêmes obligations que s'ils étaient déjà titulaires.

Ils auraient droit, par la suite, à l'avancement, comme les conservateurs provenant de l'École.

La composition de l'École et son bon fonctionnement seraient assurés par un personnel de choix, que nous supposons d'abord comprendre une vingtaine de professeurs, lesquels ne seraient admis à exercer leurs fonctions qu'après avoir eux-mêmes subi des examens spéciaux, à divers degrés, devant une Commission de savants réunie à cet effet.

Ces premiers professeurs seraient employés, dès le début, et pendant quelques mois, à faire des cours de perfectionnement et d'application, pour la formation d'autres professeurs de rang secondaire qui, adjoints aux premiers, constitueraient définitivement le personnel enseignant de l'École.

Le nombre total des professeurs serait proportionné à la quantité présumée d'élèves admis à suivre les cours de la nouvelle École.

Ceux-ci seraient admis gratuitement, et en qualité d'externes libres, mais ils devraient subvenir à tous leurs besoins pendant la durée des cours — ainsi que font les élèves des Écoles d'Hydrographie, des Hautes Études commerciales, de Droit, de Médecine, etc., auxquels l'État n'assure cependant aucune utilisation ultérieure de leurs brevets ou diplômes.

Leur nombre serait calculé suivant les besoins de la Réorganisation progressive, d'abord ; et ensuite de ceux de la Conservation. Il serait, bien entendu, beaucoup plus considérable au commencement, puisqu'il y aurait à former entièrement un personnel assez nombreux ; mais, dès les premières années, il y aurait lieu de réduire progressivement le personnel enseignant, aussi bien que le nombre des admissions d'élèves, car il ne s'agirait plus, dès lors, que de pourvoir aux vacances par suite de démission, destitution, retraite, ou décès des Conservateurs.

Le nombre des premières admissions devrait être également subordonné à celui des Conservateurs provisoires supposés devoir être maintenus dans leurs fonctions ; puis à la façon dont les élèves devraient être nommés conservateurs (concours ou simple examen de sortie) et aussi à cette considération que, le licenciement progressif du personnel enseignant secondaire fournirait probablement des candidats aux emplois de conservateur, dont il serait juste de récompenser les services par leur nomination aux postes sollicités.

Les élèves pourraient entrer à l'École de 18 à 25 ans ; la durée des cours nécessaires pouvant être de deux ans, ils auraient terminé leurs études avant d'être appelés sous les drapeaux, et seraient assurés de leur carrière à leur sortie du service actif. Ils rejoindraient à ce moment leurs postes respectifs, à moins que l'on ne préfère les rappeler à l'École pour y revoir leurs cours durant les deux ou trois mois pendant lesquels il serait pourvu à leur nomination dans les cantons.

Les cours de l'École seraient théoriques et pratiques ; les élèves, y ayant été admis après justification de connaissances nécessaires, il n'y aurait pas lieu de leur enseigner les principes des sciences qu'ils seraient appelés à appliquer ; l'enseignement se rapporterait, par conséquent, à la théorie des applications, et aux applications elles-mêmes.

Les cours seraient professés alternativement à l'École et sur le terrain : la THÉORIE s'acquerrait à l'École ; les applications, la PRATIQUE, sur le terrain.

A cet effet, l'École se transporterait, divisée par sections, dans des cantons désignés spécialement : chaque canton servirait de théâtre d'études à une section, mais chaque section devrait opérer successivement dans plusieurs cantons, en commençant par ceux dont le Cadastre actuel serait aussi bien tenu que possible.

Chaque section serait conduite par un nombre

suffisant de professeurs: les élèves pourraient, ou se rendre sur les lieux d'études à prix réduits, ou y être transportés aux frais de l'État.

L'enseignement pratique comprendrait la réalisation effective de toutes les opérations cadastrales sur le terrain : l'emploi des instruments, le levé de plans, la triangulation, la recherche et la reconnaissance des parcelles et délimitations, etc.

Les opérations cadastrales, effectuées à cette occasion avec le plus grand soin, vérifiées et recommencées au moindre soupçon d'irrégularité, deviendraient enfin définitives, et pourraient être rendues administrativement officielles, lorsque leur exactitude serait constatée.

Plusieurs cantons se trouveraient pourvus ainsi d'un Cadastre entièrement renouvelé: l'État n'aurait été, de ce chef, entraîné à aucune dépense spéciale, et les cantons Réorganisés pourraient être immédiatement soumis aux mesures adoptées pour la régularisation de l'impôt. Il en résulterait (à moins de cas particuliers), sur l'exercice en cours une plus-value budgétaire qui couvrirait largement les frais d'organisation de l'École.

Enfin, un des avantages indirects de cette École, dans son premier fonctionnement aussi bien que par la suite, serait de préparer pour les divers services de l'armée des jeunes gens que la pratique du terrain aurait familiarisés avec la fatigue des longues marches, et aguerris contre les intempéries. Les professeurs seraient d'ailleurs invités à ne point ménager à leurs élèves les déplacements, les répétitions d'exercices, les reconnaissances de terrain; ce qui, en un mot, serait de nature à les rendre robustes et à développer leur intelligence.

Ils arriveraient sous les drapeaux complètement développés et fortifiés par leurs études agrestes; la vigueur physique qu'ils ne manqueraient pas de gagner à cet apprentissage en plein air, jointe à leur solide instruction spéciale, en feraient pour l'armée de précieux sujets, déja habitués à la discipline, et capables de rendre, en cas de guerre ou de grandes manœuvres particulièrement, de véritables services.

§ 5.— Rang et attributions des Conservateurs.

Les Conservateurs trouveraient, en entrant en fonctions, la Réorganisation commencée sur beaucoup de points (ou tout au moins, en bonne voie de préparation et même un grand nombre de cantons complètement revisés). (§ 5.)

Ils auront pour première mission de terminer la Réorganisation, tout en appliquant les mesures de conservation aux parties réorganisées de leurs circonscriptions.

Nous avons vu que la conservation proprement dite se borne à la tenue « à jour » du Cadastre; en outre de cette occupation, le Conservateur aurait à assurer le service cadastral concernant la propriété, c'est-à-dire la confection des Titres graphiques, et autres opérations ou démarches occasionnées par la récente fusion du Cadastre avec la Délimitation.

Le Conservateur serait cantonal : il serait placé, suivant son rang hiérarchique, dans un canton plus ou moins important : nous entendons par « canton important » celui où les mutations sont très fréquentes ; où il y a, pour un CONSERVATEUR, beaucoup de travail ; un conservateur de première classe, par exemple, devrait servir dans un canton très important.

Le traitement qu'il recevrait devrait lui permettre de ne se livrer à aucune occupation en dehors de son emploi : sa situation dans le canton, l'assimilation de son titre, en feraient un fonctionnaire de rang convenable; et il aurait été préparé, à l'École, à l'art de se ménager plus tard, en toutes circonstances, l'autorité morale indispensable à l'exercice de ses fonctions.

§ 6. Personnel supérieur. — Inspecteurs.

La Réorganisation; suivie comme nous l'entendons d'une bonne Conservation, allégerait considérablement le Service des Contributions directes, dont le personnel pourrait ainsi être diminué.

Plusieurs agents supérieurs de cette administration se trouveraient tout indiqués par le recrutement des Inspecteurs du Cadastre, qui pourraient également être choisis d'abord parmi d'anciens professeurs principaux de l'École du Cadastre, et, plus tard, parmi des Conservateurs de première classe.

Les Inspecteurs seraient régionaux, chargés de l'inspection cadastrale d'un certain nombre de départements.

Il ne leur serait pas imposé de tournées à époques fixes, mais leur inspection devrait être en quelque sorte permanente, et dirigée vers des points quelconques de leur région.

Ils se transporteraient de préférence dans les cantons d'où il leur serait parvenu des plaintes ou des réclamations contre les Conservateurs. Ces derniers ne devraient en aucun cas être prévenus (si ce n'est 24 heures, par exemple, à l'avance) de l'arrivée de l'inspecteur. Cette mesure aurait pour résultat de faire tenir constamment bien « à jour » toutes les pièces cadastrales des cantons, et elle empêcherait les conservateurs de s'absenter de leur poste sans autorisation régulière.

L'Inspecteur vérifierait indifféremment les opérations effectuées, examinerait les pièces, plans, tableaux, instruments, etc., et établirait un rapport détaillé de son inspection, qui serait transmis directement à l'autorité supérieure.

Tout le personnel du CADASTRE relèverait du Ministre des Finances.

§ 7. Personnel inférieur. — Agents auxiliaires.

Le Conservateur chargé d'effectuer sur le terrain ou sur les plans, les diverses opérations cadastrales, chargé en outre d'assurer par son intervention l'accomplissement de certaines formalités administratives, ne pourrait dans beaucoup de cas s'acquitter de sa mission, sans l'aide d'employés subalternes.

Ceux-ci peuvent se recruter, suivant la nature du travail qui leur serait confié, soit parmi des surnuméraires, stagiaires des Ponts et Chaussées, soit parmi des jeunes gens du pays, qui recevraient des indemnités proportionnées aux services rendus.

Enfin, il serait possible, dans beaucoup de cas,

RTEMENT DE :

dissement de :

anton de :

ATRICE CADASTRALE

Commune de :

CADASTRE

(Mod. N° 2)

DATES { d'ouverture :
{ de clôture :

Premières Lettres du nom du Propriétaire.

N° D'ORDRE

Tableau Récapitulatif des Propriétés

APPARTENANT A M.

NUMÉROS		DÉSIGNATION		CONTENANCE PARCELLAIRE			NATURE DE CULTURE OU AFFECTATION	ÉVALUATION		CLASSIFICATION des propriétés				RENSEIGNEMENTS sur les propriétés bâties				DATE ET NATURE DE LA DERNIÈRE MUTATION		OBSERVATIONS Renseignements particuliers sur la situation des parcelles
				D'après les anciens titres	D'après les anciennes matrices															
				6	7	8	9	10	11	12	13	14	15	16	17	18	19	20	21	22

(et surtout quelque temps après les premières réductions de l'École), de détacher dans les Conservations des Élèves qui y feraient une partie de leurs études pratiques sous la direction des Conservateurs, tout en se livrant à un travail profitable à l'État.

CHAPITRE V

Territoires non Cadastrés

---

§ 1. Objet et importance de ce chapitre.

§ 2. Personnel.

§ 3. Ordre des opérations.

§ 4. Cas où les Sections sont très morcelées.

§ 5. Parcelles morcelées.

§ 6. Partie descriptive et administrative du Cadastre.

CHAPITRE V

TERRITOIRES NON CADASTRÉS

---

§ 1. — Objet et Importance de ce Chapitre :

Ce chapitre a pour objet de décrire les diverses opérations à effectuer pour confectionner de toutes pièces le CADASTRE des territoires NON CADASTRÉS.

Malgré les prescriptions à cet égard de la Loi de 1807, il n'y a pas de raisons, selon nous, pour ne pas cadastrer certains terrains, sous le prétexte qu'ils ne rapportent rien actuellement, et que l'on n'en tire aucun parti.

En effet, tels terrains sans destination présente peuvent, à un moment quelconque, ou être rendus cultivables, ou être affectés à des exploitations industrielles, ou enfin devenir, de quelque manière que ce soit, un moyen de profit pour celui qui les possède ou viendrait à les exploiter. Il importe donc que l'État sache d'avance à quoi en tenir sur leur étendue, leur qualité propre, et leur productivité présumée.

Nous comprenons, dans la catégorie des Territoires NON CADASTRÉS, ceux dont le Cadastre est tellement défectueux, qu'il serait préférable de l'abandonner et d'en établir un nouveau à la place, quitte à se servir tant bien que mal des indications de l'ancien pour percevoir l'impôt, jusqu'à ce que le nouveau soit entièrement terminé.

En ce qui concerne certains pays étrangers — et notamment d'outre-mer — où il n'existe pas de Cadastre, nous n'avons point à discuter ici l'utilité que peut avoir pour leur prospérité l'établissement de cette institution.

Nous pensons toutefois que, lors même que ces États ne sont pas enfermés dans des limites absolument déterminées et fixes, et que leur superficie n'est pas totalement occupée par des habitants, il n'en importe pas moins de cadastrer les parties habitées, parce que cette mesure, en permettant de répartir — s'il y a lieu — l'impôt foncier avec justice, aidera à connaître parfaitement ces portions du territoire.

D'un autre côté, les colons ou concessionnaires, ou propriétaires de toute sorte, trouveront dans la légalisation des limites de leurs domaines la consécration et la récompense de leurs efforts pour transformer et améliorer leurs terrains.

Le Cadastre, appliqué d'abord aux régions entièrement exploitées, s'étendrait progressivement à tout le reste du pays, au fur et à mesure des progrès de la « mise en valeur » — ceci se rapporte SPÉCIALEMENT aux pays d'outre-mer non cadastrés, parce que l'établissement de la possession effective équivaut pour nous, au point de vue du Cadastre, à la MISE EN VALEUR.

Le morcellement de la propriété étant dans ces pays bien moins considérable que dans le nôtre, et les mêmes sortes de terrains ou cultures y occupant de plus vastes espaces, le CADASTRE y pourrait être confectionné relativement plus vite, et à beaucoup moins de frais que dans les États européens.

En tout cas, nous indiquons ci-après la marche à suivre et les procédés à employer pour CONFECTIONNER et CONSERVER le Cadastre d'un pays ou territoire quelconque.

Peut-être la lecture des paragraphes suivants fera-t-elle mieux comprendre les bons effets que l'on peut attendre d'un CADASTRE bien conçu, confectionné et conservé avec soin.

L'application de notre méthode implique, bien entendu, le concours et la protection des lois nécessaires.

§ 2. — Personnel.

Il y a avantage à employer, pour la CONFECTION du Cadastre, les mêmes agents qui devront être par la suite chargés de sa CONSERVATION. Ce seront donc des CONSERVATEURS (créés spécialement, s'il n'en existe déjà), qui seront appelés à conduire cette importante opération.

Ils auront sous leurs ordres un personnel assez nombreux et suffisamment instruit ; ils seront eux-mêmes placés sous la direction de fonctionnaires d'un rang supérieur, dont nous n'avons pas à nous préoccuper ici (Chap. IV, § 7).

Leur nombre dépendra de l'importance superficielle du pays à cadastrer, et du délai fixé ou présumé pour l'achèvement des travaux.

En même temps que les Conservateurs seront choisis et nommés (à l'examen ou au concours), il sera créé une Ecole spéciale du Cadastre (Chap. IV, § 5), qui commencera à fonctionner aussitôt que possible, et de telle sorte que le Service cadastral se trouve assuré ultérieurement sans retards — à moins que des mesures préparatoires, suivant les circonstances ayant été longues à appliquer, l'on ne préfère commencer la confection du CADASTRE alors seulement que l'Ecole aura fourni à l'État des Conservateurs.

§ 3. — Ordre des opérations.

Pour plus de clarté dans l'exposition de notre système, nous donnerons le nom de « Sections » aux subdivisions territoriales supposées livrées à la confection de leur Cadastre ; et le développement de notre théorie s'appliquera à l'une quelconque de ces sections ; les travaux devront être, pour toutes, analogues, et conduits de la même façon.

A. — L'autorité supérieure compétente désigne la partie du territoire qui doit être cadastrée, et, AUTANT QUE POSSIBLE, le nombre de sections qui doit en être formé ; cela, suivant les grandes lignes qui pourraient diviser déjà le pays, sous forme de routes définitivement tracées, voies, canaux artificiels, etc.

A défaut de ces délimitations générales, on fera usage de la carte du pays, ou bien des connaissances que l'on en possède, relativement à sa conformation, pour choisir des points fixes (montagnes, habitations, etc.), entre lesquels, ou par lesquels, seront idéalement menées des lignes droites, divisant à priori en « Sections » la partie à cadastrer.

Chaque section est confiée à un conservateur.

Le Conservateur effectue d'abord une tournée dans sa section, pour en reconnaître d'une manière générale la conformation superficielle.

Il y choisit, au centre autant que possible, un lieu élevé d'où il lui sera facile de procéder à ses observations, et y installe ses instruments.

B. — Tous les instruments, papier, plans, procédés, etc., en usage dans la Confection et la Conservation du Cadastre, doivent être soigneusement prévus, décrits et réglementés par la Loi. (Chap. III, DIVERS PARAGRAPHES.)

C. — La feuille de papier sur laquelle va être établi le plan de la Section, est QUADRILLÉE à une échelle relative à l'importance de la superficie à cadastrer, et à l'unité de longueur adoptée dans le pays. (Chap. III.) Deux cas peuvent se présenter.

1° Le papier est tracé à l'avance par des procédés particuliers de gravure ou d'impression, et dans ce cas, toutes les feuilles étant identiquement pareilles, l'assemblage des sections pourra, ultérieurement, être fait du premier coup, c'est-à-dire sans avoir recours à de nouvelles réductions partielles, puisque toutes les pièces se raccorderont;

2° Ou bien la section étant très vaste, le Conservateur trace lui-même le QUADRILLAGE de son plan, à l'échelle qu'il juge la plus convenable; et alors il le soumettra plus tard à l'augmentation voulue, afin qu'il puisse s'adapter à l'assemblage.

Quoi qu'il en soit, les feuilles destinées à la confection des plans porteront les arguments de marge dont nous avons déjà parlé. (Chap. III.)

D. — Le périmètre présumé de la Section est généralement un polygone rectiligne: il peut être figuré PROVISOIREMENT sur le plan à l'aide des distances angulaires de ses sommets, déduites des indications de la carte ou des connaissances topographiques générales (**A**, ci-dessus).

Les anciens triangulateurs du Cadastre employaient un temps considérable à déterminer les premières bases de leurs opérations; ils s'établissaient avec leurs instruments, soit dans les clochers, soit au sommet des tours, etc.; et de là, observaient les points qu'il leur était utile de relever.

Le quadrillage du plan était inconnu naguère. Mais on peut, avec son concours, arriver rapidement et bien plus sûrement qu'alors à jeter les lignes fondamentales sur lesquelles tout le plan sera levé, puis rapporté sur le papier.

Il est inutile d'insister sur ses avantages : ils sont fort importants.

L'observateur choisit le lieu de ses observations autant que possible vers le centre de la Section à lever. Il place son graphomètre sur un point culminant, mais accessible au chaînage. (Lorsqu'il s'agira d'établir le plan, ce point sera reporté à l'intersection de deux lignes du quadrillé.)

Au moyen de la boussole (qui doit pouvoir s'adapter au graphomètre), il détermine le nord : ce sera exactement le haut du plan ; l'orientation se trouve dès le début toute faite, en suivant cette méthode.

Dans la direction du nord, il fera placer plusieurs jalons comme repères. Il retournera ensuite complètement son instrument, c'est-à-dire de 180° et fera également placer des jalons dans la direction du sud.

Sur cette ligne parfaitement établie, il prendra deux angles de 90°, l'un à droite, l'autre à gauche de la méridienne du plan ; les deux directions nouvelles ainsi déterminées seront l'est et l'ouest.

Les relèvements ayant été corrigés des variations s'il en existe dans le lieu, l'opérateur aura obtenu les lignes N.-S. ; E.-O., de la masse ou section, et pourra commencer ses observations.

Après avoir choisi une ligne de base facile à chaîner, le Conservateur relève les points remarquables ou saillants de la Section ; dans le cas où il n'en existerait pas, il en crée d'artificiels aux endroits les plus propices.

Les lignes reliant ces points, avec celles du quadrillé, reportées sur le terrain, lui serviront à faire le levé complet de la Section.

Les angles devront être mesurés avec le plus grand soin, et vérifiés mathématiquement, en procédant de la manière suivante:

— Placer le 0°00'00" du limbe du graphomètre sur la division du plateau 0°00'00".

— A partir du nord, prendre tous les angles en cumulant, et faire ainsi le tour de l'horizon sans déranger le plateau.

— Prendre ensuite les angles séparément, en faire la somme, qui doit égaler 360°.

— Faire le calcul de chaque angle d'après la première opération: les deux résultats doivent être identiques, sans qu'il y ait entre eux une minute même de différence.

Lorsque l'observateur se trouve en face d'obstacles matériels impraticables, il les contourne par des séries de lignes brisées, les plus longues possible, dont les angles sont mesurés et vérifiés avec le plus grand soin.

Les sommets de ces angles sont tous rattachés à la ligne la plus rapprochée de notre quadrillé.

Les routes côtoyant des montagnes dont les flancs sont abrupts, se trouvent (entre autres exemples) dans le cas où il faudrait procéder comme ci-dessus.

(En 1877, en faisant le tracé du chemin de fer de Kéruhon à Guipavas, nous avons appliqué ce procédé, grâce auquel il nous fut possible d'arriver en très peu de temps à bout de nos opérations, avec la plus parfaite exactitude, et cela dans une région où cependant beaucoup de points indispensables aux travaux sont inaccessibles).

E. — Les résultats obtenus sont portés au fur et à mesure sur le croquis de la Section, ou notés par l'opérateur de telle manière qu'il ne se produise aucune confusion lors de l'établissement du plan.

F. — La Section est alors déterminée : Sa superficie s'obtient ensuite par le calcul des triangles qu'elle renferme, et se vérifie par le quadrillage du papier, puis, plus tard, par le total des parcelles.

(En cas de fractionnement des carrés formés par le quadrillage, on a recours au rapporteur de surface, où à la réduction aliquote de deux côtés des carrés sectionnés, pour évaluer exactement l'aire de la section.)

G. — Les diverses lignes menées idéalement sur le terrain pour aider à la détermination du périmètre, ont été reportées sur le plan ou croquis, du moins à titre provisoire : elles guident l'opérateur dans la recherche et la détermination des parcelles. Les Titres de propriété, s'il en existe, et les délimitations apparentes facilitent aussi cette opération.

H. — Si les parcelles sont importantes, il n'est pas indispensable de lever le plan par masses de culture : il vaudra mieux déterminer les parcelles une à une, d'après leur état apparent, les reporter sur le plan à titre provisoire faire la somme des superficies parcellaires, afin de vérifier la superficie de la section; répartir les différences (s'il y a lieu), en plus ou en moins entre les riverains; convoquer les propriétaires à la reconnaissance contradictoire des nouvelles limites, et indiquer définitivement sur le plan les parcelles dont la délimitation relevée sur les lieux coïncide avec celle accusée par les Titres, et est incontestée. En procédant de la sorte, on déterminera le périmètre de la section, tout en en constituant le plan parcellaire.

S'efforcer de faire procéder à un bornage immédiat, et rendre enfin définitives sur le plans les opérations effectuées sur le terrain; le tout comme dans nos chap. I, II, III.

I. — Les opérations cadastrales proprement dites étant terminées, le Conservateur en porte le résultat sur les divers tableaux matriciels définis dans notre chap. III, mais modifiés; la classification et le classement seraient supprimé.

La valeur vénale, le revenu net de la propriété serviraient de bases, dans ces pays neufs, pour l'établissement de l'impôt, lequel peut aussi se calculer en prenant le prix de revenu de l'are pour unité.

J. — Ces tableaux sont complétés par les indications de classification, classement, évaluation de valeur et de revenus recueillies par une Commission spéciale, dans le sens conforme aux principes fiscaux du Gouvernement local.

K. — Le Cadastre est alors terminé.

Nous supposons que les mêmes opérations ont été effectuées sensiblement en même temps pour toutes les sections, et que les diverses formalités d'enregistrement, signification, etc., etc., ont été remplies conformément à la Loi pomulguée relativement à cette matière.

Les mesures de conservation doivent être appliquées dès ce moment avec soin. (Chap. IV.)

§ 4. — Cas où les Sections sont très morcelées.

Lorsqu'une section ou certaines parties de Sections se trouvent relativement très morcelées, on peut négliger certaines cotes des lignes d'opérations et n'indiquer sur le plan que les principales, afin d'éviter la confusion des lignes avec les chiffres.

Pour les Villes (à l'exemple de Paris) le plan parcellaire sera dressé à l'échelle de $0^{m},002$ par mètre.

§ 5. — Parcelles accidentellement morcelées.

Il arrive fréquemment que, sur les anciens plans aussi bien que sur le terrain, des parcelles se trouvent coupées par des chemins, routes, etc., et forment ainsi deux ou trois portions, tout en restant indiquées sur les plans et matrices par une seule et même désignation.

Dans ce cas, l'opérateur devra traiter les fractions comme autant de parcelles distinctes en donnant à chacune une désignation particulière (p^1 p^2 p^3 etc.) ; et si la voie qui les divise servait de délimitation à la Section, il ne tiendrait compte, pour le plan en cours de confection, que de la parcelle, ou des portions de parcelle situées en dedans du périmètre où il opère.

Les autres fractions seraient rangées comme parcelles entières dans les sections adjacentes où elles se trouveraient situées.

On ferait à ce sujet les mutations matricielles nécessaires.

§ 6. — **Partie descriptive et administrative du Cadastre.**

Nous n'avons à ce sujet rien à dire qui n'ait été déjà dit dans nos chap. II, III, IV (divers §§), auxquels nous renvoyons le lecteur.

Nous ferons remarquer seulement qu'il s'agit ici d'ORGANISER le Cadastre, et non de le RÉORGANISER ; on devra donc ouvrir, dès le début de l'Organisation, les Tableaux matriciels, et y consigner les indications recueillies au fur et à mesure du complet achèvement des travaux de Sections.

Quant aux Titres graphiques de propriété, ils devront être établis dès que les plans et tableaux seront entièrement dressés.

Cela sera, comme il est aisé de l'imaginer, beaucoup plus simple et rapide que s'il s'agissait de substituer de nouveaux procédés administratifs aux anciens, comme dans le cas de Réorganisation.

PARTIE FINANCIÈRE

DU PROJET

CHAPITRE VI

Partie financière

§ 1. Observations générales.

§ 2. Dépenses.

§ 3. Recettes. — Trois hypothèses.

§ 4. Considérations générales sur les divers modes de péréquation de l'Impôt.

§ 5. Observations sur le bénéfice des terrains dits d'alluvion.

§ 6. Renseignements statistiques. — Applications.

TABLEAUX

A	Dépenses.	Réorganisation et Conservation
B	RECETTES PRÉSUMÉES	
C		
D		
E	Récapitulatif.	

NOTA. — Ce chapitre à été établi à l'aide de Renseignements statistiques fournis par M. Levasseur, de l'Institut.

CHAPITRE VI

PARTIE FINANCIÈRE

§ 1. — Observations générales.

Avant d'entreprendre l'exposition de ce chapitre, nous prions le Lecteur de vouloir bien se reporter à la lecture de nos « Préliminaires ».

Nous désirons bien établir, d'abord, que tout en émettant ici les hypothèses qui nous paraissent les plus raisonnables, nous nous bornons à dessein, pour les appliquer à l'économie de notre projet, à des approximations moyennes.

En effet, les recettes produites par la Réorganisation seront progressivement croissantes, tandis que les Dépenses décroîtront chaque année, jusqu'à ce qu'il n'y ait plus à payer que les frais de « Conservation ». Cette époque sera précisément celle où les recettes auront atteint leur maximum, auquel on pourrait les maintenir définitivement.

Il faut, d'un autre côté, tenir compte de ce fait que l'initiative de l'application de notre projet appartient au Gouvernement, et que ses décisions à cet égard sont subordonnées au concours de circonstances que nous n'avons pas à examiner ici.

Enfin, si nous comptons les dépenses et recettes pour 30 ans (voir les tableaux ci-après). C'est parce que cette période est sensiblement égale au nombre d'années que met la propriété foncière à subir sa mutation totale.

Les dépenses de la Réorganisation, notamment, seront entièrement supportées et éteintes en 30 ans à moins que l'on ne préfère qu'elles soient supportées par un délai beaucoup plus long, à l'aide d'un système quelconque d'amortissement. Quoi qu'il en soit, nous pensons qu'il vaut mieux tenir compte de ce délai moyen de 30 ans, que tout le monde sait être celui du renouvellement de la propriété.

§ 2. — **Tableau, A. Dépenses.**

a). — L'allocation annuelle cantonale de 5,000 fr. est la moyenne de celles qui seront fixées suivant l'importance des cantons, déterminant la classe, et par suite le traitement du Conservateur.

Les divers autres frais à prélever sur cette allocation ne seront permanents que dans les cantons très importants, où l'allocation sera plus considérable (au détriment de ceux de peu d'importance). Le Conservateur sera secondé la plupart du temps par des candidats à l'École du Cadastre ou autres surnuméraires, désireux d'acquérir, dans un apprentissage sous sa direction, les connaissances pratiques capables d'abréger leur stage scolaire ou professionnel.

Il pourrait aussi être placé dans certains cantons des Conservateurs nouvellement commissionnés, et qui y serviraient à titre d'auxiliaires jusqu'à ce qu'il soit pourvu à leur nomination dans les divers postes.

b). — Nous ne croyons pas nécessaire de nous étendre sur l'art. Direction, Inspection ; nous renvoyons à cet égard au chap. IV §. 6

c). — L'indemnité allouée au personnel des Ponts et Chaussées et Cie de Chemins de fer nous semble très justifiée par les travaux supplémentaires auxquels seront astreints les agents de ces administrations pendant les premières années de la Réorganisation.

d). — L'École du Cadastre ne comptera un nombreux personnel que pendant les deux premières années environ. D'année en année, elle deviendra moins onéreuse, surtout si l'on n'y admettait (plus tard) que des jeunes gens préparés déjà à l'étude du Cadastre par un stage dans les conservations, et qui n'auraient plus ainsi que quelques mois à y passer. Ces considérations nous ont conduit à attribuer une somme relativement peu élevée aux dépenses totales de l'École.

e). — La photographie, l'autographie des plans ; la fabrication des divers papiers imprimés ; l'achat des intruments ; etc., etc., sont calculés pour 30 ans et en quantité strictement suffisante.

§ 3. — Recettes : trois hypothèses.

a) Chaque article des Tableaux B, C, D, est expliqué en même temps qu'indiqué.

Nous n'avons que quelques mots à ajouter :

b) Le Droit d'enregistrement des titres graphiques que nous supposons fixé, à 1 franc, pourrait aussi être proportionnel, et calculé sur la valeur vénale de la propriété. En tous cas, il ne doit pas être confondu avec le « droit d'enregistrement » ordinairement perçu et basé sur la valeur de la transaction.

c) Le nombre des mutations annuelles dont nous nous servons pour nos calculs n'est pas en réalité proportionnel au nombre d'années de la période de mutation totale. En effet, il est à remarquer que, en 30 ans, la propriété fait mutation au moins une fois, et ensuite un certain nombre de fois que l'on ne peut prévoir que très approximativement ; ces mutations imprévues sont causées par les décès, ventes judiciaires, licitations, etc. C'est donc à dessein que nous forçons ces chiffres.

§ 4. — Considérations générales sur les divers modes de péréquation de l'Impôt.

M. de Parieu a dit que « l'impôt est la partie la plus imparfaite de la science financière, bien qu'elle soit à la fois la plus importante et la plus politique »

Ce jugement d'un homme aussi éminent, sur le

point délicat que nous traitons ici, est la meilleure excuse que nous puissions donner pour ce qu'il y aurait de défectueux à certains égards dans les moyens de péréquation de l'Impôt dont nous signalons les avantages dans ce paragraphe.

Nous rappelons d'ailleurs au Lecteur que nous avons déjà fait nos réserves à ce sujet : (Préliminaires).

L'objet spécial du Cadastre, considéré au point de vue du fisc, est de présenter exactement en tout temps, le revenu net de chaque parcelle du terrain, pour faire servir ce renseignement à la répartition de l'impôt.

Dès lors donc que ce revenu pourrait être constaté fidèlement pour toutes les parcelles qui existent en France, le moyen le plus exact de péréquation serait trouvé. La classification, le classement deviendraient inutiles.

Nous sommes persuadés que l'on y peut arriver en procédant comme nous l'indiquons sommairement ci-après.

Par une simple opération d'arithmétique, on fixe la taxe contributive de chacune de ces parcelles dans le montant intégral de l'impôt foncier voté annuellement par les grands Pouvoirs de l'État.

Cette quantité se détermine, au moyen de nos tableaux matriciels (constamment tenus « à jour » des mutations de TOUTE SORTE), par le Conseil municipal, aidé d'un contrôleur des Contributions directes, et assisté du Conservateur du Cadastre (ou même, d'un magistrat, conseiller d'arrondissement ou conseiller général, en cas de revision).

Cette commission de Répartiteurs a, pour baser son travail, l'enregistrement, les baux, la statistique de commune, facilitée par nos plans et cartes spéciaux.

Si quelques-uns de ces éléments font défaut, la comparaison, l'analogie des parcelles se touchant, l'expérience des Conseillers ou Commissaires, peuvent y suppléer, et permettre de calculer un revenu présumé, sensiblement exact.

Ce moyen offre infiniment moins d'aléa que ceux qui servent à l'application du système actuellement en vigueur, dont nous allons essayer de signaler quelques défauts.

Les lois et ordonnances de 1821 et 1823, qui instituèrent les Commissions cantonnales et départementales, régissent encore aujourd'hui cette matière.

Une Commission, dans chaque commune, détermine la nature de culture de chaque propriété (prés, terres arables, vignes, etc.), et ensuite, la classe à laquelle appartient chaque parcelle ; elle fixe enfin le revenu net imposable pour chaque classe : c'est-à-dire que, du revenu brut, elle défalque la somme des frais de culture, d'exploitation, d'ensemencement et d'entretien, ce qui représente, pour les bons CLIMATS, environ un tiers du revenu brut.

La Commission cantonnale procède par comparaison : elle prend pour type, par exemple, la terre arable dont elle distingue cinq classes. La valeur de la 1re classe est fixée au moyen des baux, des actes de vente passés jusqu'alors dans la localité. (On ne s'est pas assez rendu compte encore des immenses services que pouvait rendre l'enregistrement, à cet égard.)

Elle établit des moyennes qu'elle applique aux quatre ou cinq classes des six natures de propriété, ce qui fait une trentaine de classes pour la commune.

Cela fait l'objet de travaux difficiles et minutieux, qui n'offrent aucune garantie certaine de leur exactitude.

Il faut encore comparer ensuite les communes d'un même canton entr'elles: les cantons, les arrondissements et les départements entr'eux.

Il est impossible d'évaluer ce que ce système défectueux a coûté de millions à l'État; ce qu'il a obligé d'établir d'Atlas, de plans; ce qu'il a nécessité de calculs et de travaux — pour ne donner que des résultats insuffisants et erronés.

Le « centime, le franc », par exemple, varie de 0 fr. 17 à 0 fr. 60, dans deux communes adjacentes : tout invraisemblable que ce fait puisse paraître, il n'en est malheureusement que trop réel.

Il est juste de dire que les centimes additionnels afférents aux communes influent sur ces différences, mais très-peu; ces différences proviennent du mode d'opérer des commissions.

Il est pénible de voir une de nos Institutions les plus importantes traitée avec de tels tâtonnements, et avec l'aide de moyens aussi peu à la hauteur de notre époque, alors qu'il serait logique et facile d'employer les résultats de la statistique aux opérations qui ont pour but la répartition de l'impôt foncier.

De tels errements n'étaient excusables que dans un temps où les indications de cette science étaient incertaines ou nulles; mais il n'en est pas de même aujourd'hui, et elle pourrait servir à introduire dans le Cadastre les plus utiles réformes.

Ainsi donc, en supposant la reconstitution du plan parcellaire résolue, et effectuée en totalité ou en partie, nous avons été amenés à nous occuper de la prérequation de l'impôt. Nous avons démontré qu'il était possible d'arriver à une exacte prérequation, en la basant sur le revenu net de la propriété foncière parfaitement constaté.

En supposant maintenant que l'État accepte d'introduire dans la forme de l'impôt la modification que nous proposons et qui peut avoir des conséquences incalculables, il reste à déterminer la façon d'appliquer ce nouveau système.

Deux cas se présentent.

Le premier consiste à faire, à l'aide du procédé que nous avons indiqué, le recensement général du revenu net de la propriété dans toute la France, et cela dès la première année de la Conservation; dans ce cas, le bénéfice pour l'État peut être évalué à 74,000,000 fr., à recouvrer immédiatement.

Dans le deuxième cas, l'État, tout en percevant l'impôt de parcelles soumises à une classification nouvelle (qui n'existait pas dans l'ancien Cadastre), ne bénéficierait des récentes classifications qu'au fur et à mesure des mutations : c'est-à-dire qu'il lui faudrait environ trente ans pour arriver à réaliser — annuellement, alors — une plus value qu'il peut à son gré élever jusqu'à 100,000,000 fr, sansaugmenter l'Impôt, en le diminuant même d'une manière générale, mais en l'appliquant équitablement à TOUTES les parcelles, ce qui serait logique, et n'a cependant point lieu actuellement.

En effet, d'une déclaration faite à la Chambre en 1874 par M. Ferray, il résulte qu'à cette époque il y avait en France six millions d'hectares de terrains portés au Cadastre comme friches, « et qui devaient être classés en première ou deuxième catégorie » ; l'Etat subissait alors de ce chef un préjudice annuel d'environ 70,000,000 fr. dont bénéficiaient indûment (et bénéficient encore aujourd'hui sans doute) les possesseurs de ces terrains.

La différence de 5,000,000 qui manque à cette somme pour arriver à celle figurant au tableau B. sera certainement recouvrée, très largement, en cadastrant les parties du territoire non encore cadastrées.

§ 5. — Observations sur le bénéfice des Terrains dits « d'alluvion ».

Nous croyons devoir appeler l'attention du Législateur sur le privilège excessif réservé aux bénéficiaires de terrains laissés à découvert par le retrait des eaux.

Il nous paraîtrait juste de demander à ces propriétaires une indemnité, très faible d'ailleurs, à raison de tant par hectares.

Les sommes ainsi versées à l'État seraient de période en période, réparties proportionnellement entre les riverains lésés par les mouvements des eaux, dans la même région.

Il est bien entendu que ces terrains d'alluvion doivent être « levés » et reportés sur les plans du Cadastre.

§ 6. — Renseignements statistiques. — Applications.

La Statistique étant assurément un critérium infaillible de la péréquation de l'impôt, nous donnons ci-après quelques renseignements empruntés à cette science, dans le but de faciliter et vulgariser l'étude de notre projet financier, et d'aider à l'intelligence de nos Tableaux (A, B, C, D, E, ci-après.)

1 RENSEIGNEMENTS

FOURNIS PAR LA STATISTIQUE

Total du revenu de la propriété en France, environ. . . . . Fr.		2.645.000.000
Total de la valeur vénale de la Propriété. . .		91.500.000.000
Nombre de Propriétaires fonciers, environ. .		8.000.000
Total du produit de l'Impôt foncier.		366.000.000
Superficie cultivée, environ . . . . Hect.		49.000.000
Nombre de parcelles — . . . . . . —		125.000.000
Détail de l'impôt foncier	Principal. Fr. 177.000.000. . . Centimes additionnels, Fr. 189.000.000. . .	366.000.000
Nombre	de Cantons.	2.871
	de Communes.	36.121

DÉDUCTIONS DES CHIFFRES CI-DESSUS

Quantité moyenne de terrain appartenant à chaque propriétaire foncier.		6 hectares
Moyenne du revenu annuel	De la Propriété en général, 0/0. . .	2.90
	par propriétaire. .	330.60
	par hectare exploité	54. »
Valeur vénale moyenne d'un hectare.		1867.40
Impôt foncier	Moyenne supportée par un hectare exploité .	7.47
	Taux du marc-le-franc.	0.1384
	Moyenne supportée par une parcelle.	2.928

2 **Application des Renseignements qui précèdent, à l'hypothèse de la création d'une nouvelle classe de Terrains. (Voir plus loin : Tableau D)**

APPLICATION	RÉSULTAT	
Si nous supposons que, sur 125.000.000 de parcelles 123.500.000 continuent à supporter l'impôt dans la proportion établie, existante,	Elles paieront annuellement ensemble un total de. . . Fr.	361.608.000
Si nous augmentons de 10 fr. par an la quotité afférente actuellement à chacune des 1.500.000 parcelles qui restent, à raison de leur affectation spéciale (il faut remarquer que ces parcelles sont ordinairement très vastes).	Nous obtenons une plus value de 12 fr. 928,×1500000 soit au total. Fr.	19.392.000
NOTA. — Il nous paraît inutile de développer ici les 1re et 2e hypothèses financières qui sont suffisamment discutées dans leurs tableaux respectifs B & C.	Total du nouvel impôt.	381.000.000
	Total de l'ancien impôt.	366.000.000
	Plus value annuelle.	15.000.000

Nous donnons plus loin un 3e tableau, concernant les mutations et l'impôt, et que nous extrayons du Bulletin de Statistique et de Législation comparées, publié par le Ministère des Finances.

Nous rappelons que le nombre des propriétaires fonciers est d'environ 8,000,000, sur lesquels 4,800,000 environ sont des propriétaires ruraux, et possédent au moins une maison.

3 TABLEAU

DES COTES FONCIÈRES NOTA.— Depuis 1883, l'impôt foncier est divisé en 2 catégories : Savoir, sur les propriétés.		ANNÉES	DES VENTES DE TERRES	
BATIES	NON-BATIES		NOMBRE DE VENTES	SUPERFICIE DES TERRES VENDUES
» » »	» » »	1882	1.057.684	1.879.303 hec
14.234.060	6.557.946	1883	1.073.601	1.949.460
14.220.972	6.570.061	1884	1.073.854	1.908.888
14.271.167	6.579.799	1885	1.081.469	2.052.227
14.855.431	6.579.868	1886	1.094.143	2.027.182
14.241.085	6.588.790	1887	1.124.232	2.170.675
14.236.098	6.587.076	1888	» » »	» » »
85.458.813	39.463.540	Totaux et moyenne annuelle des 6 dernières années	6.504.983	11.987.735
Moyenne 14.243.135.5	Moyenne 6.577.256.66		Moyenne 1.084.163.83	Moyenne 1.997.955.83

En comparant entre eux les chiffres de ce Tableau, il est facile de constater que l'augmentation du nombre de ventes et du nombre d'hectares vendus, correspond dans les dernières années à une légère diminution des cotes foncières de Propriété non-bâtie, et à une sensible augmentation de celles de la Propriété bâtie.

Cette remarque prouve la constante émigration (vers les villes et les centres industriels) de la population rurale ; émigration parfaitement explicable par la difficulté toujours croissante que les travailleurs ont de vivre du produit de leurs terres, et dont il faut chercher la principale cause dans l'inégale répartition des charges publiques et l'insécurité de la propriété, entravant l'exploitation agricole. — Elle justifie en outre, ce que nous disions dans l'Introduction de cet Ouvrage ; que régulariser et atténuer l'impôt foncier, ce serait ramener aux champs quantité de travailleurs, etc. etc.

A — OBJET DES DÉPENSES RÉORGANISATION ET CONSERVATION	SOMMES POUR 30 ANS	 MOYENNE PAR AN
Allocation moyenne annuelle à chaque canton pour : *Traitement du conservateur*, *Rétributions aux agents auxiliaires*, *Faux-frais divers*, *etc.*, 2,871 cantons, à 5,000 fr. l'un.		14.355.000
Direction et Inspection.		600.000
Indemnité aux Conducteurs des Ponts et chaussées, Compagnies de chemins de fer, etc., à raison de travaux spéciaux.	3.000.000	
ÉCOLE DU CADASTRE : Allocation annuelle et progressive décroissante, pour toutes ses dépenses, que nous supposons devoir atteindre en 30 ans une somme de	6.000.000	
Photographie des plans de 21,000 communes (sur 36,121) les autres étant censées posséder des plans à l'échelle de $\frac{1}{1000}$; à environ 10 sections par commune, soit 210,000 plans, à 2 fr. l'un.	420.000	
Autographie de tous les plans de section (environ 365,000) tirés à 20 exemplaires l'un, soit 7.300,000 autographies (en considérant que le nombre d'exemplaires n'augmente le prix du tirage que de la valeur du papier) à 0 fr. 25 l'une).	1.825.000	1.045.000
Impression de Bulletins, Imprimés divers, Tableaux matriciels, etc.		
Fabrication et réglage du papier à plans, en trois formats et en quantité suffisante. Achat d'instruments ; frais de bureau, manipulation, transport, administration, etc., etc.	20.105.000	
TOTAL DES DÉPENSES COMPTÉES POUR 30 ANS.	31.350.000	
RÉPARTITION MOYENNE ANNUELLE DES DÉPENSES.		16.000.000

B RECETTES PRÉSUMÉES

PREMIÈRE HYPOTHÈSE

A l'aide de nos « Tableaux matriciels » établis d'après les documents cadastraux actuels (dont ils diminuent et supprimeront plus tard les irrégularités), procéder à un reclassement immédiat des parcelles, ce qui présente peu de difficultés dans la pratique, ce travail pouvant s'effectuer dans chaque commune avec le concours gratuit de commissaires communaux, et ne demandant qu'une dépense insignifiante.

En supposant cette vérification achevée à la fin de la première année, on obtiendrait, sans avoir apporté aucun changement à la classification établie, et simplement par application de la Loi actuellement en vigueur, une plus-value de 75,000,000 de francs sur le rendement ordinaire de l'Impôt; plus-value qui se répèterait annuellement par la suite.

DÉTAIL DES RECETTES	SOMMES
1° Classement à nouveau des parcelles (d'après l'ancienne méthode)	75.000.000
2° Timbre et enregistrement (Droit de mutation) sur 4,500,000 parcelles, à 1 fr. par plan (Titre graphique) moyenne.	4.500.000
3° Etablissement des Titres graphiques. En supposant deux parcelles par Titre, ces plans devant être établis par sections, c'est-à-dire ne comprendre que les parcelles adjacentes appartenant à un même propriétaire dans une même section (et en admettant qu'il y ait dans ce cas deux parcelles par section, en moyenne) soit 2,225,000 plans à 4 francs l'un, tous frais compris.	8.900.000
4° Diminution sur le traitement général des fonctionnaires des Contribution directes, en raison du passage de ces fonctionnaires dans le Service du Cadastre et vente d'autographies.	1.600.000
TOTAL DES RECETTES { moyenne annuelle } 1re hypothèse.	90.000.000

C

RECETTES PRÉSUMÉES

DEUXIÈME HYPOTHÈSE.

Ce deuxième État de Recettes est établi conformément à l'hypothèse où l'on ne croirait pas devoir procéder immédiatement à un reclassement général des parcelles, et où cette opération s'effectuerait partiellement, au fur et à mesure des mutations.

La bonification totale n'en ateindrait pas moins, en 30 ans, le même chiffre de 75,000,000 de francs; mais l'État ne bénéficierait ainsi chaque année que de $\frac{1}{30} + \frac{2}{30}$, etc. de 75,000,000 et ne jouirait annuellement de la bonification totale qu'à partir de la 31e année. Les présomptions relatives à la première hypothèse se trouvent donc modifiées, de manière à donner lieu à celle ci-dessous.

DÉTAIL DES RECETTES			SOMMES
1° Plus-value par le reclassement de $\frac{1}{30}$ des parcelles chaque année, produisent pour la première année.			2.500.000
Comme dans la première hypothèse B	2° Enregistrement et Timbre, pour mutations parcellaires ou totales.	4,500,000	15.000.000
	3° Établissement de Titres graphiques, comprenant 2,225,000 plans, à 4 fr. l'un. .	8,900,000	
	4° Diminution de traitement, etc., et vente d'autographies. . .	1,600,000	
TOTAL DES RECETTES POUR LA PREMIÈRE ANNÉE. .			17.500.000

OBSERVATION. — Si l'on ajoute à ce total, conformément à la présente hypothèse, 2,500,000 francs la deuxième année, et ainsi de suite, en augmentant toujours de la même somme le rendement total de l'année précédente, on obtiendra, en 30 ans, le total de la bonification de classement, sans préjudice des autres plus-values présumées ci-dessus.

Le *total* des recettes en 30 ans se composera donc de : 75,000,000 de francs, plus 30 fois toutes les recettes annuelles.

D'où : Total des recettes en 30 ans. Fr. 600,000,000

Moyenne annuelle 20,000,000

RECETTES PRÉSUMÉES

TROISIÈME HYPOTHÈSE

D'application de notre 3e hypothèse implique la création d'une nouvelle classe où seraient rangés, pour subir un impôt plus élevé, les terrains du type dit: de luxe et d'industrie.

Cette hypothèse peut se combiner avec les deux précédentes.

Le classement des terrains auxquels cette nouvelle classification serait applicable, peut avoir lieu immédiatement ou annuellement (*Hypothèses précédentes*). La combinaison des 3 hypothèses fait présumer les résultats ci-dessous :

DÉTAIL DES RECETTES & COMBINAISONS DES 3 HYPOTHESES	SOMMES
1o CALCUL DES RECETTES, PAR SUITE DE LA NOUVELLE CLASSIFICATION. TROISIEME HYPOTHESE.	
Les terrains de luxe pourraient rapporter (la classification se faisant au fur et à mesure des mutations) en moyenne de 15.000.000 fr., au bout d'un délai de 30 ans. Moyenne annuelle.	500.000
2o COMBINAISON AVEC LA DEUXIEME HYPOTHESE. C.	
Même détail de sommes que dans la 2e hypothèse.	
Tableau C: Moyenne pour la 1re année.	17.500.000
Total pour la 1re année, en combinant les 2e et 3e hypothèse.	18.000.000

NOTA.— Il ne faut pas oublier, en étudiant la combinaison ci-dessus, qu'elle est aussi applicable à une période de 30 ans; et, dans ce cas, les recettes suivent un ordre progressif croissant dont la raison est égale à la moyenne annuelle du produit de la nouvelle classification, plus la moyenne du reclassement, d'où :

Recette totale

EN 30 ANS	MOYENNE ANNUELLE
615.000.000 fr.	20.500.000 fr.

3o COMBINAISON AVEC LA PREMIERE HYPOTHÈSE: B

DÉTAIL	SOMMES
Même détail de sommes que dans la 1re hypothèse	90.000.000
Produit de la classification nouvelle, 3e hypothèse, immédiatement appliquée en totalité (voir ci-dessus.)	15.000.000
Total annuel, moyen, constant.	105.000.000

E TABLEAU RÉCAPITULATIF

	HYPOTHÈSES				
	PREMIÈRE B	DEUXIÈME C	TROISIÈME D avec B	TROISIÈME D avec C	OBSERVATIONS
Moyenne des recettes annuelles obtenues par la Réorganisation et la Conservation : 3 hypothèses, B. C. D.	90.000.000	20.000.000	90.500.000	20.500.000	Les bénéfices indiqués par ce tableau sont moyens, annuels, pour une période de 30 ans.
Dépense annuelle moyenne	16.000.000				
BÉNÉFICES	74.000.000	4.000.000	74.500.000	4.500.000	

CHAPITRE VII

Conséquences administrative de la Réorganisation

---

§ 1. Avantages de la Réorgnisation.(Hypothèques. — Enregistrement. — Perception de l'impôt).

§ 2. Défectuosités du régime hypothécaire.

§ 3. Procès. — Expertises. — Arpentages.

§ 4. Mutations Cadastrales. — Rôles de Contributions.

§ 5. Frais de vente, — de transactions.

CHAPITRE VII

CONSÉQUENCES ADMINISTRATIVES DE LA RÉORGANISATION

§ 1er — Avantages de la Réorganisation.

HYPOTHÈQUES. — Le Cadastre dont la description fait l'objet de notre ouvrage, constate l'étendue, la nature, la valeur des propriétés, ainsi que l'impôt auquel elles sont assujetties ; les propriétaires successifs sont désignés ; leurs titres de propriété dénoncent les dettes hypothécaires qu'ils pourraient avoir contractées, et attestent que les radiations, s'il y a lieu, ont été effectuées. En un mot, il tient à jour avec clarté, précision et certitude, la situation de la Propriété foncière.

Si la France l'adopte et le conserve, il deviendra pour notre pays un instrument de civilisation et de progrès, parce qu'il sera le gardien matériel du droit, et le tuteur fidèle des intérêts des familles.

Il y aurait dans chaque chef-lieu de canton, où se trouverait une série des plans de chaque commune, un Conservateur du Cadastre, un receveur et un contrôleur de l'Enregistrement.

Le receveur serait chargé de la Conservation des hypothèques. C'est une Administration aux rouages compliqués mais insuffisants, prêtant souvent à la fraude ; onéreuse à l'Etat, puisqu'elle ne rapporte pas ce qu'elle coûte, et ne remplissant pas le but pour lequel elle est établie.

Elle doit fatalement disparaître.

Le Conservateur spécial des hypothèques deviendra tout-à-fait inutile, le jour où la mutation totale de la Propriété sera accomplie.

Chaque propriétaire sera lui-même à cet égard son propre conservateur, puisque sa Situation hypothécaire sera inscrite sur son Titre, dont le double se trouvera au Bureau de l'Enregistrement.

Nous pensons que personne ne regretterait ce défectueux système administratif dont la suppression laisserait 5 ou 6 millions dans les caisses de l'État. L'agriculture est en grande partie grevée par les charges qu'il impose : on pourrait affecter cette somme à son amélioration.

Le travail des Receveurs de l'Enregistrement sera augmenté de ce côté, mais il serait abrégé d'un autre, dans la partie matérielle de leurs écritures.

Tout le monde aurait à se féliciter de ce changement ; le public serait mieux et plus facilement renseigné. Le personnel d'élite des Receveurs aurait dans cette nouvelle organisation une occupation moins matérielle, plus judicieuse, plus en rapport avec les capacités des fonctionnaires dont il est composé.

Nous devons faire observer que ; si notre régime

administratif reste le même en ce qui concerne les contributions directes, l'Enregistrement et les Hypothèques, notre système se plie à toutes les exigences.

Mais pour que l'Œuvre dont nous voudrions doter notre pays fut complète, pour qu'elle fonctionne avec la rapidité et l'économie que nous souhaitons, il serait nécessaire que le régime actuel se transformat et se rajeunit ; il faudrait que ces trois administrations se fondissent en une seule.

Cela existe en Hollande, pays dont on a vanté le système administratif ; à l'aide de la concentration dans les mêmes mains des services du Cadastre, de l'Enregistrement et des Hypothèques, on trouve moyennant une légère rétribution tous les renseignements dont on a besoin.

Pour mieux faire comprendre les multiples avantages de cette concentration, nous exposons ci-après la liste des formalités compliquées qui sont nécessaires dans l'état actuel des choses pour arriver a jouir du droit de Propriété.

1° Rendez-vous chez le notaire qui fait le dépouillement des Titres et dresse la minute de l'acte, (quel qu'il soit).

2° Dépôt de la minute établie par le notaire au bureau du Receveur de l'Enregistrement, qui en prend un extrait.

3° Dépôt d'une expédition à la Conservation des Hypothèques pour la transcription. Comme il n'existe pour cette opération qu'un seul registre, on attend son rang d'ordre, souvent fort longtemps.

4° Levée de l'État des Inscriptions.

5° Main-levée d'inscription d'office.

6° Il faut faire la mutation. Le contrôleur des Contributions directes se rend au bureau de l'Enregistrement et retire un Extrait de l'acte.

7° Cet Extrait est adressé par lui au Directeur.

8° Le Directeur le transmet au Trésorier gé-général.

9° Le Trésorier général l'adresse au Percepteur.

10° Le Percepteur prévient les parties que tel jour et à telle heure, il recevra à la Mairie leurs déclarations pour la mutation.

11° Rédaction de la feuille de mutation.

12° Vérification de cette feuille par le contrôleur.

13° Envoi à la Direction des Contributions directes, qui opère la mutation sur la matrice cadastrale.

14° Le notaire remet à l'intéressé le Titre d'acquisition et délivre quittance.

Cependant, le vendeur paie généralement l'impôt pendant l'année qui suit l'acte de vente : s'il veut être remboursé, ce sont de nouvelles démarches.

En résumé, trois copies littérales de l'acte, et deux Extraits, sans compter la quittance ; des lenteurs insupportables, des frais énormes, et une sécurité incomplète.

Nous sommes plus exigeants pour notre Pays : peu de dérangements, moins de frais, plus de ces lenteurs, qui sont un objet d'effroi et une source de dépenses utiles.

Quiconque voudra vendre ou acheter, prêter ou emprunter, aura toujours sous la main les renseignements qu'il lui sera utile de connaître.

ENREGISTREMENT. — Les Droits d'Enregistrement de transmission de propriété sont énormes, soit qu'elle s'opère par vente, donation ou succession.

Les bénéficiaires s'ingénient le plus souvent à tromper les agents du fisc : leurs dissimulations s'élèvent parfois à un chiffre considérable ; les fraudeurs ne se rendent pas compte qu'il peut leur arriver d'être eux-mêmes plus tard victimes de ces fraudes, soit par reconstitution de dot ou autres causes.

Les notaires sont presque toujours impuissants, malgré leurs observations à leurs clients, à empêcher ces dols.

Ainsi donc, il est de notoriété publique que la fraude existe ; dans certaines contrées, d'après les gens compétents, elle s'élève au sixième de la valeur des transactions. Les droits d'enregistrement se sont élevés en 1886, pour la propriété foncière, à environ 39,000,000, dont le sixième est de 6,500,000 fr.

Or, en supprimant la fraude, l'on fera rentrer chaque année dans les caisses du Trésor, 6,500,000 fr. de plus. C'est-à-dire annuellement, presque 1/3 de la somme nécessaire pour la Réorganisation et la Conservation du Cadastre, même dès les premières années, et sans compter nos autres ressources indiquées aux tableaux financiers.

De deux choses l'une : la Loi est bonne, ou elle est mauvaise. Si elle est mauvaise, il faut la modifier ; si elle est bonne, elle ne doit pas être violée aux dépens des honnêtes gens qui devront trouver dans leur bourses les sommes dont les fraudeurs bénéficient.

Si nous reconnaissons que les droits d'enregistrement sont trop élevés, il serait certes plus équitable de les diminuer un peu, et de faire payer tout le monde dans une proportion régulière et juste.

La quantité d'Impôt à demander par chaque propriétaire, sera d'après notre système parfaitement déterminée pour chaque parcelle composant le territoire.

Les fraudes deviendraient tellement difficiles que personnes n'oserait s'exposer à en subir les pénalités.

Cela vaudrait cent fois mieux que de violer la Loi et le principe d'égalité de tous les citoyens devant l'impôt.

D'un autre côté, la dignité de tous souffre de ces fraudes et de ces dissimulations.

La valeur du sol pourra servir de base à la perception de l'impôt foncier et l'impôt de l'enregistrement, mais ce n'est là qu'un des côtés de la question.

A côté de l'État, il y a le propriétaire, et la valeur du sol bien constatée sera la base inébranlable de son crédit.

Il en résultera que le propriétaire aura intérêt à

établir la valeur réelle de sa propriété et nul mieux que celui qui cultive la terre, n'en connaît la valeur, laquelle ne repose point uniquement sur la fertilité, la productibilité du sol, mais dépend aussi de sa situation, des facilités d'exploitation et de ses conditions climatologiques.

PERCEPTION DE L'IMPOT. — D'un rapport de M. Richer, conseiller d'État, il ressort qu'un propriétaire sur dix paie des impôts qu'il ne doit pas.

Cette proportion ne nous semble pas exagérée. Les recherches que nous avons faites à ce sujet nous ont prouvé qu'il existe des erreurs innombrables dont quelques-unes remontent très-loin, de sorte qu'un grand nombre de propriétaires se trouvent lésés au profit de certains autres. (Remarquons ici que l'Etat ne bénéficie de ces erreurs en aucune façon).

Que de restitutions à opérer ! Mais cela demande des sacrifices de temps et d'argent, et quelquefois l'intervention des Juges de Paix ; beaucoup aiment mieux perdre que plaider.

La lenteur avec laquelle s'opèrent les mutations est une des causes de perturbation dans les intérêts.

Généralement ces mutations sont faites à l'aide d'Extraits de l'Enregistrement, envoyés aux percepteurs par l'Administration des Contributions directes. Or, ces extraits vont jusqu'à la fin de février de chaque année seulement.

Il en résulte que presque tous les partages, ventes et sucessions qui ont lieu dans les dix derniers mois de l'année, ne sont l'objet des mutations que la deuxième année, et que les impôts ne sont à la charge des propriétaires que la troisième année.

Il y a 5,000,000 de parcelles mutées effectivement par an. Il serait difficile d'évaluer les dommages causés et les restitutions à faire.

Ce sont précisément les ignorants, les plus pauvres qui sont victimes de ces lenteurs ; ils paient souvent sans réclamations deux années d'impositions pour des terres qui ne leur appartiennent plus.

Il y a là un motif de mécontentement d'autant plus grave qu'il n'est pas compris par le pauvre paysan ; cela entretient dans son esprit une sorte de rébellion contre l'impôt, sans parler du reste.

Tous ces inconvénients rendent vicieuse la perception de l'Impôt foncier. Nous apportons un remède radical à ce déplorable état de choses.

§ 2. — Défectuosités du régime hypothécaire.

Il nous faudrait des volumes pour signaler toutes les défectuosités du régime cadastral et du régime hypothécaire actuels: nous en avons déjà indiqué quelques unes, et nous en pouvons citer à l'infini.

Prenons, par exemple, le cas suivant:

Les héritiers d'une propriété hypothéquée paient actuellement des droits de succession basés sur la valeur totale, réelle de la propriété.

Cela n'est évidemment pas juste; en effet il arrive souvent qu'un père de famille imprévoyant, ou pressé de besoins d'argent, emprunte sur ses propriétés plus que la moitié de leur valeur, et même jusqu'à concurrence de cette valeur.

S'il laisse en mourant des enfants mineurs, ou que, pour toute autre raison, il faille faire la licitation de ses biens, les frais de justice, d'homologation, etc, ne tardent pas à s'élever pour la petite et moyenne propriété, au-delà de la valeur totale du fonds, après que les hypothèques ont été remboursées.

C'est souvent là une des causes principales de la décadence des familles rurales, et de leur émigration vers les villes.

Ne semblera-t-il pas logique à tous les esprits judicieux de ne faire, au contraire, payer les droits de succession que sur la partie nette de l'héritage à réaliser ?

§ 3. — Procès-Expertises. — Arpentages.

La Propriété foncière paie annuellement un tribut considérable aux géomètres, huissiers, avoués, justices de paix, tribunaux de toute sorte, au sujet de contenance, de biens ou autres contestations de propriété, de titres, etc.

La statistique, à notre connaissance, n'en a jamais été faite; mais nous ne croyons pas exagérer en supposant une somme totale de 150 fr. par an, pour chaque commune de France. En la multipliant par 36,000, nous obtenons un chiffre de 5.400.000 fr. d'argent déboursé mal-à-propos (puisque cela pourrait être évité), sans compter les frais de déplacement, les pertes de temps, etc.

L'abornement général, combiné avec nos Tableaux matriciels et garanti par nos titres graphiques; couperait court à toutes les causes de procès, d'arpentage d'expertises, etc, en fournissant une solution instantanée et sans réplique à toutes les difficultés.

§ 4. — Mutations cadastrales. — Rôles de contributions.

Il est alloué deux centimes et demi aux percepteurs pour la rédaction de chaque feuille de mutation;

Deux centimes aux contrôleurs pour vérification de ces feuilles, et frais d'imprimés;

Enfin il est encore alloué deux centimes et demi aux Directeurs pour la fourniture des extraits de l'enregistrement et autres imprimés.

Le défaut de précision dans la rédaction des feuilles de mutation cause un autre préjudice au Trésor: un vingtième au moins des cotes foncières, qui devraient avoir disparu des rôles par suite de ventes, partages ou successions, y figurent encore.

Chaque article de ces rôles revient à 30 cent. à l'État.

D'un autre côté, le travail des mutations entraîne les particuliers et les fonctionnaires à une grande perte de temps; le percepteur convoque les intéressés à la mairie de la commune, et ne procède à ses opérations qu'après avoir pris l'avis du maire, des répartiteurs, des notables de la contrée.

Nous estimons que la mutation de chaque parcelle demande un sacrifice de temps d'environ une heure:

Ce serait donc 5.000.000 d'heures de bon travail que notre système restituerait à l'agriculture.

Elle bénéficierait encore d'environ deux millions de francs dont on la dégrèverait, en supprimant certains imprimés devenus inutiles, en vérifiant les enregistrements, et en modifiant ou supprimant la rédaction des feuillas de mutations par les percepteurs, etc.

§ 5. — **Frais de vente, de transactions.**

Le morcellement du sol rend les frais de vente très onéreux. Dans les ventes de 500 fr. et au-dessous, effectuées par le ministère de notaires, les frais varient de 15 à 50 0/0; dans les ventes judiciaires, ils dépassent souvent 100 0/0: On peut affirmer qu'ils sont toujours en moyenne de 20 0/0.

Ces frais sont ruineux, et paralysent les transactions les plus utiles.

L'État devrait remédier dès maintenant à cet état de choses, ne fut-ce que pour faciliter les échanges de parcelles morcellées, l'établissement de chemins, le redressement des cours d'eau, la création de digues, de fossés d'irrigation, tous travaux enfin d'utilité publique, dont l'initiative lui appartient.

Une autre cause du mal consiste dans la multiplicité des dérangements, dans la complication des formalités, dans la difficulté de se reconnaître dans les titres, dans l'éloignement des Bureaux d'hypothèques; et il faut en outre considérer que l'interminable rédaction des actes notariés multiplie les rôles, tarifés à 1 fr. 50, l'un.

Une des premières conséquences de notre système serait la simplification et la régularisation des tarifs et des honoraires, la réduction des frais de toute sorte.

Le mouvement de la propriété est d'environ 7.000.000.000 de francs annuellement: dont deux pour les ventes et cinq pour les successions et donations. Si l'on réduisait ces divers frais de 1 0/0 seulement, on arriverait déjà à réaliser une économie de 70 millions, en faveur de la propriété foncière.

Les premières applications qui seront faites de notre système éveilleront certainement chez les propriétaires l'esprit d'initiative engourdi par l'ignorance et la routine; et peu à peu les frais parasites inutiles de rédaction, de vacations, etc, seront réduits de plus de moitié.

On parle souvent de diminuer les charges de l'agriculture: le dégrèvement auquel nous faisons allusion ici est facile à opérer, seulement en perfectionnant les institutions sur lesquels elle repose, et sans qu'il en doive coûter beaucoup au Trésor.

Le Gouvernement doit agir comme un père de famille; les intérêts du père et des enfants sont solidaires: il doit donc ne dédaigner aucune économie.

Lors même qu'une économie serait minime, presqu'insignifiante, elle n'en devrait pas moins être réalisée, car la somme de toutes représente un chiffre considérable.

D'ailleurs des économies de cette nature ne sont autre chose que des placements entre mains laborieuses des sommes réalisées; et un placement annuel de 70 à 100 millions de francs ne peut pas rester infructueux pour l'État, puisque cet argent se retrouvera à chaque instant multiplié dans la circulation.

Nos propriétaires agriculteurs savent par expérience l'avantage d'une dépense faite à propos, et si le renouvellement du Cadastre doit leur assurer une économie de 100 millions à répartir entre tous, ils en salueront l'exécution avec une chaleureuse reconnaissance.

CHAPITRE VIII

Examen Sommaire des Cadastres Étrangers

---

§ 1. Cadastres européens. — Confection et Délimitation.

§ 2 Cadastres européens. — Conservation et Hypothèques.

§ 3. Cadastres extra-européens.

CHAPITRE VIII

EXAMEN SOMMAIRE DES CADASTRES ÉTRANGERS

§ 1. — Cadastres européens (confection et délimitation).

Nous empruntons à l'ouvrage si remarquable de M. Noizet (Du Cadastre et de la Délimitation, etc. une certaine partie de ce chapitre, destiné à passer sommairement en revue les Cadastre étrangers les plus importants.

Nous nous attacherons principalement à la partie technique de cette Institution chez nos voisins, car, ainsi que nous l'avons à dessein répété maintes fois, c'est de la CONFECTION d'un cadastre que dépendent avant tout sa durée et l'importance des services qu'il peut rendre.

Ce qui, dans l'ouvrage précité, et dans nos propres recherches, a trait aux cadastres étrangers, remonte à quelques années ; en effet, si quelques modifications y ont été introduites, au point de vue qui nous occupe, elles n'ont pas eu le temps encore de donner des résultats appréciables ; et nous devons surtout considérer le RÉSULTAT des mesures appliquées.

La plupart des cadastres européens ont été commencés d'exécuter (ou exécutés en totalité), conformément aux prescriptions du Recueil méthodique de 1811, qui régissait en partie l'administration des divers pays soumis à la France par les conquêtes antérieures à cette époque.

Nous avons vu que les prescriptions de la Loi de 1807 (à laquelle fait suite le Recueil de 1811) n'étaient pas assez précises quant au rôle que la DÉLIMITATION doit jouer dans la confection du Cadastre : il s'en est suivi que les Cadastres étrangers qui ont été établis de la même façon que le nôtre, présentent à une foule d'égards les mêmes défectuosités.

Elles ont été atténuées dans la mesure du possible par la Conservation, mais il est évident que ce dernier élément ne saurait rendre, aux États que nous avons en vue, les services que l'on en pourrait attendre, car si le CADASTRE est mal confectionné, pêche en quelque sorte par des défauts de structure, la CONSERVATION la plus soigneuse ne pourra que perpétuer la plupart des omissions et des erreurs commises.

Toutefois, il faut reconnaître que la Conservation, même suivie d'un résultat médiocre, donne aux cadastres étrangers dans certains cas de la supériorité sur le notre.

Nous allons voir d'abord quels sont, dans les pays voisins, les rapports de la DÉLIMITATION avec la CONFECTION DU CADASTRE.

Nous insistons sur l'association de ces deux éléments : délimitation et travaux techniques, parcequ'ils nous paraissent devoir constituer ensemble la seule base possible et durable du Cadastre ; nous passerons ensuite à l'examen des divers modes de Conservation.

Les plus anciennes opérations cadastrales dont on ait conservé intégralement les procès-verbaux et les plans, et qui aient continué à avoir effet jusqu'à une époque très récente sont celles de la Savoie et de l'ancien duché de Milan.

La précaution prise dans ces deux états de COTER les plans, sur lesquels figurent aussi les indications de bornage (qui fut partout établi officiellement, immédiatement après l'opération cadastrale), permet encore aujourd'hui de retrouver certaines parcelles, en transportant sur le terrain les indications du plan. D'un autre côté, lors de la confection de ces cadastres, les propriétaires et détenteurs furent tenus de fournir, sur les LIEUX MÊME, et en les appuyant de titres justificatifs, toutes les indications se rapportant au droit de propriété proprement dit. Ce mode de procéder est de beaucoup préférable à celui qui a consisté, chez nous, à opérer suivant l'état apparent des parcelles ; aussi, comme l'action cadastrale fut, en Savoie notamment, secondée et reconnue par les intéressés, le

Cadastre faisait encore autorité devant les Tribunaux, lors de l'annexion de cette province à la France.

En aucun pays, les opérations cadastrales ne peuvent être invoquées en justice, dans les procès ayant pour cause ou objet la délimitation, si ce dernier élément n'a pas été introduit comme mesure officielle dans la confection du Cadastre. Chez nous, la Cour de Cassation ne les reconnaît qu'à titre » d'œuvre purement administrative, suffisante pour la formation des rôles de contributions, sauf les réclamations des contribuables, etc.« nous voyons les tristes effets de ce rôle, attribué au Cadastre, et rempli sans la participation de ceux dont les intérêts sont le plus directement en jeu.

C'est en vain que, dans les différents États de l'Europe, l'Administration publique, reconnaissant le vice radical du mode de confection, s'efforce par la prescription de procédés minutieux, et en multipliant les opérations et les sacrifices pécuniaires, d'en corriger les défectuosités originelles: la Conservation ne peut en aucun cas équivaloir à la Réorganisation.

Le Cadastre nouvellement dressé du Piémont a été établi avec la plus grande perfection possible, au point de vue géométrique, et c'est assurément là un immense progrès sur tous les autres, effectués antérieurement, à l'aide de procédés on ne peut moins rigoureux.

Les lignes séparatives de parcelles sont cotées sur les plans, mais elles n'ont pas été préalablement reconnues contradictoirement entre les propriétaires, en tant que lignes délimitatives, de sorte que le Cadastre ne peut être d'aucune utilité pour le maintie de la propriété.

De plus les opérations ont été conduites par des soumissionnaires, qui ne sont pas restés forcément attachés au Cadastre comme Conservateurs: nous croyons que ç'a a été un très mauvais moyen d'obtenir de bons effets durables des travaux.

Le Gouvernement espagnol, en mettant à l'étude un projet de Cadastre général, s'est proposé de laisser le choix, aux localités, entre un cadastre délimitatif ou la confection d'un cadastre purement géométrique. Le mauvais état général des finances du pays ne lui a pas permis de faire de sacrifices considérables; en tout cas, les institutions agraires sont, en Espagne, aussi importantes que celles des autres États dont nous avons à nous occuper, et peuvent donner lieu à un examen approfondi, mais ultérieur.

En Suisse, les cantons de Genève et de Vaud ont été récemment cadastrés en vertu de lois, décrets et règlements spéciaux, qui prescrivent tous de procéder en même temps à la délimitation.

Le canton de Genève avait été cadastrés en vertu de la Loi (française) de 1807; mais les opérations ordonnées furent si mal exécutées, et donnèrent de si mauvais résultats — auxquels les vices de conception concouraient pour une large part — qu'il fallut procéder peu après (en 1814 et suiv.) à un complet renouvellement du Cadastre. La loi de 1841, qui ordonne cette reconstitution, pose en principe que l'objet essentiel et fondamental du Cadastre est la constatation régulière de la délimitation de toutes les propriétés rurales. Elle détermine et règle avec soin le mode de procéder aux opérations, ainsi que tout ce qui a trait au personnel, et aux rapports du personnel avec les propriétaires : elle est complétée par les règlements nécessaires.

Il est facile de comprendre qu'elle a été suivie des effets les plus heureux : depuis que les travaux sont terminés, il n'y a pas eu dans le canton un seul procès en délimitation.

Les communes et les particuliers ont été, d'abord, contraints de se délimiter contradictoirement, en présence d'un fonctionnaire spécial, qualifié de : Commissaire au bornage ; et la reconnaissance de limites à dû être immédiatement suivie d'un bornage durable. Le levé du plan parcellaire a eu lieu immédiatement après.

Les contestations, (comme nous souhaiterions que cela fût en France), ont été soumises à un prud'homme : ce dernier et le commissaire au bornage ont des attributions assez semblables à celles que nous demandons pour nos Commissaires répartiteurs, et pour les membres de nos Tribunaux de conflits.

Ils sont choisis parmi les propriétaires, ce qui permet de compter chez eux sur une compétence et un zèle tout particuliers.

Enfin, le Cadastre, sans être précisément indéniable dans tous les cas en Justice, n'en est pas moins d'un très grand poids dans la façon d'apprécier les causes où ses résultats sont introduits.

Le Cadastre du canton de Vaud est moins général

et moins parfait que le précédent, tout en étant mieux fait que celui de beaucoup d'États importants. La délimitation, appuyée sur le bornage, en sont les bases ; ces deux opérations précèdent toujours le commencement des travaux du Cadastre, et, si des limites n'ont pu être déterminées contradictoirement, elles sont figurées à leur place sur le plan, avec la mention LIMITE PRÉSUMÉE.

Dans ces deux cantons, le personnel supérieur SEUL est attaché en permanence au service du Cadastre : les géomètres sont admis à s'occuper des travaux après examen et soumission.

Remarquons que ces détails se rapportent à la CONFECTION du Cadastre de ces Cantons, et que c'est en 1840 et plus tard qu'ont été rendus les lois et règlements sur le renouvellement de cette Institution.

Les différents États dont la réunion compose l'empire actuel d'Allemagne, sont dotés d'institutions spéciales, concernant la propriété immobilière, dont le principe a dû nécessairement influer sur l'établissement ou la conservation de leur Cadastre.

Nous ne pouvons entrer ici dans le détail des coutumes locales dont l'ensemble a été pris en considération en appliquant les lois relatives à la confection, puis à la conservation du Cadastre dans ces États : nous nous bornerons à signaler le rôle très considérable joué dans les opérations par la délimitation et le bornage.

De plus, les géomètres doivent avoir obtenu un diplôme et prêté serment devant les Tribunaux, pour pouvoir exercer leur profession, en ce qu'elle a de commun avec les opérations cadastrales.

Ce qui a trait à la Conservation et aux hypothèques ainsi qu'au personnel conservateur sera examiné plus tard.

L'organisation cadastrale de l'Autriche et de la Hongrie a demandé moins de travail et moins de temps que dans les autres États, en raison de la vaste étendue des domaines dans ces deux pays.

Les plans parcellaires peuvent y être chargés de renseignements minutieux figurés par des signes conventionnels, sans que cela nuise à leur clarté. Le personnel exécutant a été chargé de la Conservation.

Les plans (ou du moins des exemplaires des plans) indiquent par des teintes spéciales les natures de culture, comme nous demandons que ce soit fait en France.

Le Cadastre de la Russie nous intéresse peu, étant donné le but de ce chapitre : les propriétés occupent dans ce pays une étendue considérable; la délimitation et le bornage ne sauraient y être aussi rigoureux (en général) que dans les autres États de l'Europe. En tout cas, l'arpentage, dans les parties cadastrées, a précédé la reconnaissance des limites: les propriétaires ont été admis à présenter leurs observations durant les opérations; et la confection du parcellaire paraît y avoir été accueillie comme un bienfait public, que l'Administration s'efforce de rendre de plus en plus efficace en aidant ou encourageant la revision ou la continuation des travaux.

En Belgique, les opérations cadastrales ont été exécutées, comme en France, depuis 1802 jusqu'en 1826; lors du renouvellement ordonné à cette dernière époque, on s'est conformé, sauf de légères modifications, aux prescriptions du Recueil méthodique de 1811.

Ces modifications ont surtout porté sur la tenue des plans.

De même que chez nous, les propriétaires n'ont eu aucune part à la confection du Cadastre: le renouvellement a été fait aussi sur l'état apparent au moment de l'opération.

Les plans indiquent non seulement la configuration parcellaire, mais encore les accidents de terrain et les objets saillants pouvant servir de repères: ils sont tenus à jour avec un soin particulier.

Les plans principaux sont divisés en carrés par des lignes horizontales et verticales: il n'est pas douteux que cette précaution ne facilite énormément les opérations sur le terrain, et leur représentation sur le papier. Toutefois, comme les mutations sont figurées sur le vu de pièces délivrées par l'enregistrement, et que les propriétaires ne concourent en rien aux diverses opérations du géomètre, il s'ensuit forcément une foule d'erreurs qui sont perpétuées par la Conservation.

Aussi le Cadastre n'a-t-il en Belgique aucune valeur juridique: les Tribunaux n'en considèrent les plans et registres que comme des documents très peu importants, auxquels on ne peut se fier même pour prouver la possession.

Malgré ce défectueux état de choses, l'on s'accorde pourtant à reconnaître que la Conservation rend à la Propriété de véritables services: elle a contribué à diminuer considérablement les procès en délimitation, et aide beaucoup aux transactions de toute sorte; elle est assurée par un personnel spécial, très bien organisé et nombreux.

Dans presque toutes les provinces, les plans du Cadastre sont tirés en lithographie, et vendus au public à très bas prix; l'initiative de cette mesure doit appartenir au directeur de la circonscription cadastrale, car elle n'est pas générale.

L'entretien du Cadastre coûte en Belgique annuellement 670,800 fr. Il nécessite un personnel de 230 géomètres, auxquels incombent les travaux d'art. La Belgique retire un revenu annuel de 50,000 fr. des extraits du plan cadastral délivrés aux particuliers sur leur demande.

Dans le Grand-Duché de Luxembourg, dont le cadastre présente une grande analogie avec celui de la Belgique il a été formé en 1886 (commune de Ettelbruck), une association syndicale de propriétaires pour l'amélioration de la culture des parcelles et pour en faciliter l'exploitation (Exposition 1889 — le Cadastre est à l'échelle de $\frac{1}{2500}$. voici les résultats :

Nombre des propriétaires intéressés.		93
Surface soumise à la revision.		87 hect. 41 a.
Nombre des parcelles.	Avant la revision.	335 —
	Après —	223 —
Contenance moyenne des parcelles	Avant la revision.	26 —
	Après —	37 —

Proportions des parcelles disparues.		30 0/0
Surface occupée par les chemins	Avant.	43^{a}. 70^{c}.
	Après.	4^{h}. 35^{a}. 60^{c}.
Longueur des chemins	Avant.	730^{m}.
	Après.	7^{k}. 650^{m}

Dans le même Duché sur la commune de Troine, un redressement de ruisseau fait également par une association syndicale de propriétaires a donné encore de meilleurs résultats en ce sens que les propriétaires ont tous gagné du terrain en supprimant les méandres innombrables du ruisseau et en rendant l'inondation impossible pour l'avenir.

Le sort de la Hollande, sous le rapport du Cadastre, a été jusqu'en 1831 le même que celui de la Belgique.

Les opérations de renouvellement général ont été terminées pour tout le royaume en 1842. Elles ont été exécutées sur l'état apparent de la jouissance, sans délimitation.

Bien que les plans et registres y soient tenus avec un soin excessif, que toutes les indications concernant la Propriété y soient régulièrement inscrites, il existe des différences graves entre l'état du terrain et les plans, car ces derniers ayant été dressés sur l'état apparent de la jouissance, qui est essentiellement mobile, ne peuvent rendre l'image de la propriété réelle, c'est-à-dire la seule qu'il puisse être question de revendiquer en justice.

Aussi le Cadastre n'est-il en Hollande, comme en Belgique, d'aucun poids devant les Tribunaux.

La seule supériorité de cette institution en Hollande réside dans le rattachement du service hypothécaire au service de la Conservation. Ce double système, malgré les imperfections du Cadastre, rend à la Propriété des services universellement reconnus dans le pays. Nous en reparlons plus loin.

Le Cadastre de l'Angleterre est établi d'une manière toute spéciale, qui d'ailleurs répond on ne peut mieux aux besoins agraires et fiscaux de ce pays. Il est trop différent du nôtre, et trop particulier pour nous intéresser beaucoup.

Les propriétés foncières sont agglomérées et ne subissent que de rares mutations : le morcellement parcellaire est peu considérable, et d'ailleurs enrayé par des lois spéciales : enfin, l'impôt foncier est très-faible et l'inscription des propriétés sur un simple registre suffit à en assurer la répartition.

Aussi s'est-on borné à déterminer le périmètre du territoire de chaque commune : aucune autre indication n'a été enregistrée, et les changements dans la forme, la culture, etc., des parcelles ne donnent lieu par conséquent à aucune mutation. Il n'existe pas de plan parcellaire géométrique.

L'Irlande est seulement depuis peu soumise à ce système, que les récents événements ont dû empêcher de produire aucun bon résultat.

Nous avons dit plus haut que le cadastre des États allemands était établi sur la délimitation : nous revenons sur ce point pour signaler une mesure qui n'eût pas été à sa place dans la première partie de ce paragraphe.

Elle était appliquée tout récemment encore dans le Grand-Duché de Bade et consistait à profiter de l'opération cadastrale pour supprimer les chemins inutiles, redresser les autres, redresser les limites, et encourager les échanges tendant à la réunion des propriétés.

Il est très présumable que cette sage mesure devait aussi être appliquée, tout au moins officieusement, dans les autres États de la Confédération. En tout cas, le Cadastre de ces principautés était fort bien conçu et confectionné.

En résumé, nous voyons par ce qui précède que nos prétentions, en ce qui concerne le Cadastre de notre pays sont parfaitement justifiées par l'expérience de ce qui se passe chez nos voisins.

Les cadastres dont on est le plus satisfait à l'étranger sont ceux qui reposent sur la délimitation ; la Conservation leur donne encore une réelle autorité dans beaucoup de circonstances, lors même qu'ils ont été imparfaitement confectionnés.

Nous pensons donc que les meilleurs d'entre eux doivent leurs bons effets à la réunion de la délimitation à l'opération cadastrale : que la Conservation rend permanents ces bons effets, qui pourraient être doublés, selon nous, par le rattachement du service des Hypothèques à celui de la Conservation.

Nous examinons, dans le paragraphe suivant, de quelle façon cette combinaison est appliquée aux Cadastres étrangers que nous venons de passer rapidement en revue à d'autres égards.

§ 2. — Cadastres européens. — Conservation et Hypothèques.

Nous avons dans le paragraphe précédent, parlé du Cadastre de l'ancien duché de Savoie, comme de l'un des plus remarquables par son exactitude : en effet, lors de l'annexion à la France, les opérations remontaient à 130 ans et elles avaient été effectuées avec tant de soin que les plans qui en résultaient pouvaient encore servir à la reconnaissance des parcelles. Cela était d'autant plus digne de remarque que le Cadastre n'y avait pas été conservé. Il a été renouvelé d'après les prescriptions de la Loi de 1807, maïs comme rien dans cette Loi ne concerne la Conservation, il est probable que les résultats des opérations y sont devenus douteux, comme dans le reste de la France.

Une loi rendue en Piémont en 1855 prescrit l'inscription de tous les plans et registres cadastraux, de toutes les mutations, au fur et à mesure qu'elles se produiront ; il n'y est pas fait mention des hypothèques.

A la fin de la première moitié de ce siècle, les autres États de l'Italie (Milan, Lombardo, Vénétie, Toscane, États-Romains), qui étaient pourvus d'un Cadastre, en avaient adopté la Conservation.

Le changement de domination éprouvé par ces États a eu nécessairement pour première conséquence de modifier leur régime fiscal, et les nouvelles mesures adoptées pour la répartition de l'impôt foncier n'ont pu produire encore le résultat que l'on en peut attendre.

Le régime de la conservation est établi dans le canton de Genève depuis que la délimitation est terminée. Elle est assurée par des fonctionnaires qui doivent déposer dans les caisses de l'État un cautionnement hypothécaire. Les mutations sont inscrites d'office et sans frais. La transcription au bureau des hypothèques des actes de mutation n'a lieu que sur un certificat du bureau du CADASTRE, constatant que ce dernier reconnaît les droits de propriété du possesseur du fonds qui fait mutation.

Diverses autres précautions ont pour but de soumettre les mutations cadastrales à l'examen du service hypothécaire, ou réciproquement, avant de les rendre officiellement définitives.

Enfin, la mutation au Cadastre des immeubles échus par succession, ne peut être effectuée qu'en vertu d'un jugement du Tribunal civil, rendu sur le vu de pièces justificatives.

Pour le canton de Vaud, une Loi de 1840 prescrit l'application du Cadastre aux hypothèques et autres droits réels.

Les actes constitutifs d'hypothèque, ou autres charges grevant les immeubles, sont transcrits par extrait sur un registre spécial, et relatés sur le Livre cadastral, à l'article du Livre concernant la parcelle hypothéquée ; cette dernière mention donne aussi le numéro de transcription au registre spécial. A l'aide de ces deux documents et du plan, on peut ainsi connaître simultanément, outre les renseignements ordinaires concernant une parcelle, tous ceux qui se rapportent à sa situation hypothécaire.

Il n'existe pas dans ce canton, de conservateur proprement dit ; la conservation consiste dans le renouvellement chaque année des opérations, dans les huit communes les plus anciennement cadastrées. D'après les fonctionnaires spéciaux, ce mode d'entretien suffit pour le canton, où les mutations sont d'ailleurs peu fréquentes.

Les institutions toutes particulières (dont nous avons parlé au paragraphe précédent) sur lesquelles repose la Propriété dans les États germaniques tels qu'ils étaient constitués avant 1870, ont aussi servi de base au régime hypothécaire que les mœurs agraires et financières avaient fait adopter dans ces pays.

L'inscription des hypothèques se rattachait toujours plus ou moins à la constitution du Cadastre, et cela était nécessaire, et doit paraître évident, puisque les opérations cadastrales elles-même procédaient de la délimitation contradictoire.

La Conservation, confiée à un personnel spécial, paraît avoir donné dans ces États tous les résultats qu'on en pouvait attendre : les conservateurs s'y sont attachés à maintenir la clarté des plans par les procédés d'inscription ou de dessin les plus minutieux. Les descriptions de procédés de numérotage, d'indication des natures de culture, etc., ne sauraient trouver place dans cet ouvrage, où nous traitons surtout le Cadastre à un point de vue général.

Disons seulement que nous tenons compte, dans notre éloge mérité de ces cadastres, du peu d'étendue et du morcellement relativement restreint des territoires des petits Etats dont nous parlons, et où les idées particulières sur la Propriété sont d'ailleurs bien différentes de celles dont il a fallu tenir compte pour instituer le Cadastre dans notre pays.

La Conservation cadastrale, en Autriche et en Hongrie, s'applique comme nous l'avons vu (§ spécial), à des opérations effectuées sur de très vastes espaces. Les mutations n'y sont pas fréquentes : les opérations hypothécaires peuvent être considérables, mais ne se renouvellent pas souvent dans les mêmes cantons ; le rôle de la conservation est donc peu actif, et nous ne citons ici ces deux pays que pour mentionner que la conservation y est instituée, et appliquée avec un soin que facilite l'étendue de la propriété en général.

Le peu que nous avons dit précédemment des cadastres de Russie et d'Angleterre doit suffire à faire comprendre que la conservation leur a été inutile, jusqu'en ces dernières années, du moins. En effet, cette institution y est assise sur des bases toutes particulières, et tout ce qui se rapporte à la Propriété foncière y est différent des considérations qui nous ont conduit à écrire notre ouvrage.

La Conservation est établie en Belgique aussi régulièrement que possible. Le personnel est nombreux, choisi avec soin. Les procédés, la partie matérielle, sont prévus et décrits par des règlements spéciaux. Notons que les Conservateurs s'acquittent de leur mission avec un zèle irréprochable. Cependant, toutes ces précautions, et les sacrifices pécuniaires auxquels l'Etat se condamne pour en assurer l'application demeurent sans effet appréciable, parce que (nous ne saurions assez le répéter) le Cadastre de cet Etat a été MAL FAIT, et que la Conservation, par suite, peut tout au plus empêcher les erreurs et les omissions commises de s'aggraver.

Les Conservateurs n'ont d'ailleurs qu'à s'occuper des mutations, et des changements dans l'état apparent du sol : ils en tiennent rigoureusement compte, mais ils ne s'occupent en aucune façon des hypothèques.

Aussi, les fonctionnaires et magistrats belges, tout en reconnaissant que la Conservation est un puissant palliatif des mauvais résultats du Cadastre, s'accordent-ils à souhaiter que le Cadastre soit refait, d'abord, mieux qu'il n'a été primitivement exécuté, et qu'ensuite les soins et dépenses entraînés par la Conservation soient rendus plus efficaces.

Nous devons avouer toutefois que, malgré les lacunes présentées par les lois et règlements à cet égard, il est d'USAGE FACULTATIF de désigner, dans les actes de transaction, ou hypothécaires, les parcelles par leurs numéros du cadastre. C'est là, certes, une précaution utile et louable, mais insuffisante.

La Hollande nous paraît être, en Europe, le seul Etat où l'on ait bien compris les immenses services que peut rendre la réunion du Cadastre et des hypothèques.

Malheureusement, les opérations cadastrales, dans ce pays, n'ont pas été appuyées sur la délimitation, ce qui atténue singulièrement les bons effets espérés de l'institution de la Conservation.

Une série de registres est consacrée à l'enregistrement de tout ce qui concerne la propriété foncière : États de section, inscriptions hypothécaires, transcription des mutations, nomenclature de tous les individus intéressés aux transactions auxquelles peut donner lieu une propriété cadastrée, enfin résumé général des situations des propriétaires, avec répertoires renvoyant aux registres particuliers.

Les Conservateurs ont en charge la tenue des plans et registres : il leur est adjoint des géomètres pour les travaux d'art.

Aucun acte intéressant la Propriété foncière ne peut être soustrait à l'obligation de transcription sur les registres *ad hoc*. Les notaires sont tenus d'indiquer, en dressant les actes de cette nature, les numéros du Cadastre.

Tous les renseignements relatifs aux propriétés et à leur situation hypothécaire sont donnés aux intéressés moyennant une très faible rétribution.

Enfin, tout ce qui a trait à la propriété (au point de vue du Cadastre) et aux hypothèques, relève de la même administration, dans chaque circonscription cadastrale : l'autorité que donne, aux renseignements fournis, la réunion de ces deux branches de l'administration, facilite considérablement, plus que partout ailleurs, les opérations du Crédit foncier, et toutes les négociations dont les immeubles ruraux peuvent être l'objet.

§ 3. — Cadastres extra-européens.

Bien que nous nous soyons occupé de l'institution cadastrale dans les Etats extra-européens, et que nous ayons étudié ses divers modes de fonctionnement, nous ne croyons pas devoir lui consacrer ici plus de quelques lignes. En effet, dans les pays qui sont situés hors d'Europe et sont cadastrés, on a dû approprier le Cadastre aux divers besoins agraires et fiscaux qu'une récente mise en valeur des territoires rend tout différents de ceux que nous sommes accoutumés à constater chez nos voisins et chez nous-mêmes.

Il s'agit ici, principalement, des Cadastres des États des deux Amériques : le système parcellaire ne peut évidemment leur être appliqué de la même façon qu'en Europe. D'un autre côté, l'on peut dire que dans ces pays le Cadastre est continuellement en voie de confection.

Nous nous bornerons donc à rappeler ce que nous avons dit précédemment, dans notre chapitre intitulé « Territoires non Cadastrés » : Ceux de ces Etats qui seraient incomplètement pourvus de Cadastre, doivent faire tous leurs efforts pour régulariser la propriété, en donnant des bases certaines à l'impôt foncier, alors même que cette ressource n'entrerait pas pour une part considérable dans leur budget. Le CADASTRE peut devenir pour eux un inappréciable instrument de colonisation.

CONCLUSION

CONCLUSION

(RÉSUMÉ GÉNÉRAL)

Une prompte réorganisation du Cadastre s'impose en France, tandis que les Progrès de la Civilisation en rendent de jour en jour plus nécessaire son institution dans les pays qui en sont encore dépourvus, si l'État y est aussi soucieux des intérêts de ses sujets que des siens propres.

Nous espérons par conséquent que notre Livre, en dépit des imperfections qu'il pourrait présenter, sera considéré sans parti pris comme une Œuvre d'utilité publique.

Etant donné qu'il n'est point possible à un État

de subvenir à ses besoins sans avoir recours à l'Impôt, nous nous sommes placé dans l'hypothèse la plus logique — celle où l'État, représenté par le Gouvernement quel qu'il soit, doit être avant tout désireux de ne réaliser d'impôts, que ceux qui lui sont strictement nécessaires, et d'en répartir la contribution proportionnellement, avec une aussi grande impartialité que possible.

Nous nous sommes donc efforcé d'indiquer les moyens à employer pour dans ce cas préciser et définir indéniablement la propriété imposable, ou susceptible de le devenir.

Ceux que l'on a vus dans notre ouvrage sont à la fois économiques et pratiques: ils ont, de plus, l'immense avantage de prévenir le désordre et la confusion résultant toujours d'opérations isolées, arbitrairement conduites, ou privées de direction précise.

Le Concours officiel et obligatoire de la Délimitation privée aux travaux de Réorganisation ou d'Organisation cadastrales, élèvera et grandira l'Institution du Cadastre, dans l'esprit des populations rurales, tout en le rendant inséparablement gardien de leurs intérêts les plus légitimes.

La Conservation est la conséquence logique de

la Réorganisation: nous savons que les Cadastres que l'on ne conserve pas, que l'on n'ENTRETIENT pas, deviennent rapidement onéreux et nuisibles par leurs erreurs. Nous avons donc recherché le moyen de rendre cette conservation permanente et perpétuelle, grâce au concours d'un personnel nombreux et éclairé; en effet, il paraîtra à tout le monde impossible de maintenir en son meilleur état une institution quelconque, en l'abandonnant aux soins d'un personnel de hasard, que rien n'a préparé à des fonctions importantes, et dont nulle garantie officielle n'entoure les opérations.

La partie pratique et administrative de la question a été traitée par nous avec plus d'insistance, parce que, ce qui importe avant tout, en matière de cadastre, c'est de reconnaître exactement — et conserver ensuite en son intégrité — le Tout à imposer, lequel est à peu près immuable par nature, dans son ensemble.

Nous nous sommes borné à de simples avis, à des chiffres généraux, dans la partie financière, parce que l'importance et l'espèce de l'Impôt dépendent uniquement de considérations très variables, et étrangères au Cadastre envisagé pratiquement; ce sont généralement les besoins présumés de l'État qui en déterminent l'importance: les théories du régime gouvernemental combinées avec les exigences du moment en font choisir l'espèce — mais il n'en est pas moins appliqué aux mêmes Éléments, et ne saurait être réparti avec justice sur toutes les parties d'un si vaste ensemble, que si elles sont préalablement bien connues.

Cependant, comme nous tenions à justifier, par des chiffres, les avantages que doit selon nous offrir la Réorganisation, nous avons établi nos calculs d'après les résultats de la Statistique, et suivant des moyennes aussi incontestables que possible.

Nous arrivons à prouver un bénéfice pour l'État ; il en eût été de même avec des bases d'évaluation différentes : la Réorganisation cadastrale rapportera toujours un bénéfice important à l'État, et une partie de ce bénéfice pourra servir aux dégrèvements de propriétés qui, étant assujetties par leur espèce et leur mesure RECONNUES, à une certaine quotité d'impôt, se trouveraient momentanément hors d'état de produire ce qu'elles sont tenues de rapporter au fisc.

Le bénéfice résultant pour les particuliers de l'application de notre système consiste dans la régularisation et une sensible diminution progressives des charges fiscales ; et surtout dans la consécration des limites de leurs propriétés.

En effet, les propriétaires y gagneront l'incalculable avantage de posséder dorénavant des titres clairs, authentiques, reconstitués pour les uns, constitués de toutes pièces pour les autres.

Ces titres serviront à établir ou reconnaître d'une manière indéniable le droit de propriété, et faciliteront la cession des biens, par le transfert du Titre complet (notarié et graphique).

Ils contribueront beaucoup aussi à la rapidité des opérations hypothécaires et offriront une plus sérieuse garantie aux prêteurs, tout en préservant les emprunteurs de réclamations mal fondées.

Ils pourraient être, notamment, fort utiles au point de vue des transactions entre les propriétaires et le Crédit foncier.

Enfin, ces Titres ne laissant aucune prise aux contestations à propos de mitoyenneté, de servitude, etc., d'où naissent presque toujours des procès inextricables, longs et coûteux, il résulterait de leur adoption que la propriété foncière en général ne serait plus épuisée par d'énormes frais de justice, et que l'on verrait bientôt disparaître des relations entre riverains les causes des mésintelligences regrettables, trop fréquentes jusqu'à présent.

Ne fût-ce donc qu'à ce seul point de vue, notre projet devrait déjà intéresser puissament les propriétaires fonciers.

Il est aisé de prévoir, d'ailleurs, que si ces derniers se voient d'abord entraînés, DANS LEUR PROPRE INTÉRÊT, à quelques légères dépenses, par exemple pour la confection de TITRES GRAPHIQUES, et leur enregistrement, ils seront très prochainement indemnisés de leurs débours par une nouvelle et plus juste péréquation de l'impôt foncier.

Enfin, ils ont à y gagner encore une considérable économie de temps, des réductions de frais de toute sorte, une facilité beaucoup plus grande dans toutes les démarches ou formalités que leur impose leur qualité de propriétaire.

En résumé, nous nous sommes principalement attaché à démontrer la possibilité d'une Réorganisation, rendue facile par le Concours de ces deux éléments indispensables de succès : l'UNITÉ et la MÉTHODE.

Notre projet est complété par celui d'une Conservation soigneuse, et dans cette partie encore, nous avons trouvé des Simplifications pour la « tenue à jour » ininterrompue du Cadastre, par la Construction toute particulière de nos plans et tableaux matriciels, qui substitueraient une indispensable clarté aux Confusions des matrices actuelles.

Notre Livre aurait pu être plus minutieux, plus étendu : nous n'avons pas voulu fatiguer inutilement l'esprit du Lecteur; et, si nous nous sommes borné à ne parler que des points les plus importants du Cadastre, en laissant volontairement au second plan ce qui, en réalité, est « à côté » de notre sujet proprement dit, c'est parce que la réforme dont nous démontrons la facile possibilité et que nous cherchons à provoquer ne peut, sous peine d'avortement, être entreprise qu'au point de vue pratique d'abord, pour être ensuite étendue aux conséquences de l'Institution.

Les moyens que nous avons proposés peuvent se résumer brièvement ainsi :

1° Ramener le plan cadastral parcellaire de la France à l'Échelle unique de $\frac{1}{1,000}$ pour mètre.

2° Autographier tous les plans de Sections.

3° Modifier, compléter (sur autographies) les plans actuels du Cadastre, par les indications et corrections obligatoirement fournies par le personnel des Chemins de fer et des Ponts et Chaussées.

4° Créer une École de Conservateurs du Cadastre.

5° Instituer le corps des « Conservateurs du Cadastre », fonctionnaires qui, s'il y a lieu, seront provisoires, d'abord, jouiront plus tard de leur titre dans les mêmes conditions que leurs collègues provenant de l'École.

6° Parachever ou effectuer les travaux nécessaires dans les parties du territoire incomplètement, ou non encore cadastrées, ou non portées aux Matrices cadastrales.

7° Substituer aux « États de Sections » des « Tableaux matriciels » établis par numéros d'ordre.

8° Substituer aux « Matrices Cadastrales des « Tableaux matriciels » de groupement des propriétés contenues dans chaque commune, et dressés par noms de propriétaires dans l'ordre alphabétique.

9° Établir, par communes, des plans-statistiques, dressés par figures de parcelles seulement, au centre desquelles seront inscrits les renseignements de : noms de propriétaires, contenance, revenu, etc.

10° Edicter en la forme législative l'obligation pour chaque propriétaire de :

1° Faire établir dans un délai déterminé, sur papier spécial du format approprié, le "TITRE GRAPHIQUE" de propriété de leurs biens-fonds, lequel consiste en un plan officiel, certifié et enregistré, des propriétés, quelle que soit leur nature ou leur affectation.

Ledit plan doit être un extrait du plan de Section, il doit toujours accompagner le Titre notarié, lequel indiquera les renseignements hypothécaires intéressant les propriétés.

2° Produire, à chaque mutation entraînant le concours de formalités légales, le plan authentique ou "TITRE GRAPHIQUE" (ci-dessus) des propriétés mutantes ; et ce à peine de nullité de la transaction ou mutation.

11° Remplacer le Bureau des hypothèques du chef-lieu d'arrondissement par des Bureaux cantonaux — et remplacement du Conservateur des hypothèques par les Receveurs d'Enregistrement.

12° Tenir compte, dans l'exécution des mesures

ci-dessus, et chaque fois qu'il y aura lieu, de la fusion de la DÉLIMITATION avec le CADASTRE : c'est-à-dire ne procéder aux opérations cadastrales qu'en y faisant participer la délimitation ; et réciproquement. — Réglementer les instruments, procédés, opérations, etc., etc., se rapportant au Cadastre, et enfin assurer par des règlements d'administration publique, l'accomplissement des mesures de Conservation, et toutes autres qui peuvent être suivies d'un bon résultat pour le bon fonctionnement du Cadastre.

Ces moyens, s'ils ne sont pas parfaits, sont du moins pratiques et perfectibles ; et, en tout cas, de beaucoup supérieurs à ceux que le Cadastre a employés jusqu'à ce jour, et ils ont de plus le mérite de la régularité ; ils auront encore l'approbation des intéressés et ne seront plus inefficacement appliqués, ainsi que cela a eu lieu, jusqu'à présent, en dépit des plus louables efforts de l'Administration.

Nous comptons donc, de la part des Lecteurs compétents, sur la bienveillance que nous leur demandions au commencement de cet ouvrage.

Nous nous adressons à tous ceux qui, étant animés du noble souci des réformes utiles, ont en même temps qualité pour se faire officiellement les interprètes du sentiment public, en général favorable, nous le savons, à la Réorganisation cadastrale.

Nous sommes prêts à leur donner verbalement les explications qui pourraient leur mieux faire apprécier l'utilité et la simplicité de notre projet, trop heureux de nous consacrer entièrement à la réalisation du progrès important et indispensable dont nous indiquons les grandes lignes et les résultats.

Nous nous adressons aussi aux hommes d'État étrangers ; le Cadastre en général ne saurait, en raison de son immense utilité, rester en dehors de leurs préoccupations. Nous les prions de lire attentivement notre ouvrage, espérant que cette lecture dissipera les craintes qu'ils auraient pu concevoir relativement aux difficultés d'établissement de cette Institution ; et nous nous offrons également à développer notre sujet devant eux, en le traitant jusque dans ses moindres détails.

Enfin, nous adressant à tous, nous répétons qu'il faut se tenir l'esprit en garde contre les lieux communs (souvent intéressés) grâce auxquels la majeure partie des gens se laissent persuader qu'il est « impossible » de refaire le Cadastre : que « ce serait la ruine de la France » ; qu'il faudrait « un temps considérable » ; etc., etc.

Le progrès ne consiste pas, pour nous, à détruire pour reconstruire ; nous voulons bien édifier une Œuvre nouvelle, mais de telle sorte que nous puissions utiliser les matériaux de l'ancienne en opérant pour ceux que nous apportons, par simple et prudente substitution — et en rendant effectivement publics les bienfaits de la réforme que notre longue expérience nous permet de déclarer facile et possible.

Notre expérience des questions cadastrales, et des rapports des propriétaires avec le CADASTRE nous faisait un devoir d'indiquer les moyens de débarrasser cette Institution des inconvénients considérables dont nous avons vus les fâcheux résultats, et que ne mesurent même pas, la plupart du temps, à leur réelle importance, tous ceux qui en sont victimes. — Et nous espérons qu'un favorable accueil nous donnera la haute satisfaction que nous permet de souhaiter l'intention qui nous a guidé, et dont ce Livre est le témoignage :

POUR LE BIEN DE TOUS
ET LA GRANDEUR DE LA PATRIE !

TABLE DES MATIÈRES

TABLE DES MATIÈRES

INTRODUCTION 7
HISTORIQUE SOMMAIRE DU CADASTRE EN FRANCE. 27
PRÉLIMINAIRES.
La Réorganisation et la Conservation du Cadastre. 43
CHAPITRE PREMIER.
Revision des travaux techniques. 53
§ 1. — Ramener les Plans du Cadastre, à une échelle unique, pour toute la France. 53
§ 2. — Autographier les Plans. — Premier usage des autographies. — Opérations sur le terrain. . 54
§ 3. — Indications sur l'autographie de la Section des opérations effectuées. — Contrôle des désignations. — Plan-minute définitif. 56
CHAPITRE II.
Participation des Propriétaires et Concours de la Délimitation privée à la Réorganisation. . . 61
§ 1. — Vérification, indication du tracé des voies ferrées, voies publiques, etc. 61

§ 2. — Dépôt des Titres de Propriété aux Secrétariats de Mairies. 62
§ 3. — Opérations délimitatives sur le terrain 64
§ 4. — Contestations. — Tribunal des conflits cadastraux 64
§ 5. — Plans particuliers ou « Titres graphiques de Propriété » 66
§ 6. — Observations sur l'abornement 68
§ 7. — Échanges de parcelles. — Redressement de limites. — Chemins de servitude. 69

CHAPITRE III.

Uniformité, Description et Usage des divers papiers, plans, instruments, etc. Tableaux matriciels. 77

TABLEAU N° 1. (**Etats de Sections**).

En regard de la page. 98

TABLEAU N° 2. (**Matrice cadastrale**).

En regard de la page. 100

§ 1. — Uniformité des instruments, papiers, écritures, teintes, etc. 78
§ 2. — Papier à plans 82
§ 3. — Format des papiers à plans 86
§ 4. — Description et usage des plans 87
§ 5. — Plans d'assemblage. 90
§ 6. — Titres graphiques de propriété 91
§ 7. — Teintes des plans de section et d'assemblage. . 92
§ 8. — Matrices actuelles. — Tableaux matriciels. . . 93
§ 9. — Tenue à jour des plans. 95

CHAPITRE IV.

Conservation et Conservateurs du Cadastre. École spéciale du Cadastre. 105

§ 1. — Méthode à suivre pour assurer la Conservation. 105
§ 2. — Travaux préliminaires 106
§ 3. — Mesures effectives de conservation. 107
§ 4. — Conservateurs. — École spéciale du Cadastre. Conservateurs provisoires. 107

§ 5. — Rang et attributions des conservateurs. . . . 114
§ 6. — Personnel supérieur. — Inspecteurs. 115
§ 7. — Personnel inférieur. — Agents auxiliaires. . . 116

CHAPITRE V.

Territoires non cadastrés. 121

§ 1. — Objet et importance de ce chapitre. 121
§ 2. — Personnel. 123
§ 3. — Ordre des opérations. 124
§ 4. — Cas où les Sections sont très morcelées. . . 131
§ 5. — Parcelles morcelées. 131
§ 6. — Partie descriptive et administrative du Cadastre. 132

CHAPITRE VI.

Partie financière. Tableaux.

Partie financière. 137
§ 1. — Observations générales. 137
§ 2. — Dépenses. 138
§ 3. — Recettes. — Trois hypothèses. 140
§ 4. — Considérations générales sur les divers modes de péréquation de l'impôt. 140
§ 5. — Observations sur le bénéfice des terrains dits d'alluvion. 145
§ 6. — Renseignements statistiques. — Application . . 146

Tableau I. — Renseignements fournis par la statistique. 147

Tableau II. — Application des Renseignements qui précèdent, etc. 148

Tableau III. — Cotes foncières. — Ventes de terres. 149

Tableau A. Objet de dépenses. — Réorganisation et Conservation. 150

Tableau B. — Recettes présumées. Première hypothèse. 151

Tableau C. — Recettes présumées. Deuxième hypothèse. 152

Tableau D. — Recettes présumées. Troisième hypothèse. 153

Tableau E. — Tableau récapitulatif. 154

CHAPITRE VII.

Conséquences administratives de la Réorganisation. 157

§ 1. — Avantages de la Réorganisation. (Hypothèques. — Enregistrement. — Perception de l'impôt). 157

§ 2. — Défectuosités du régime hypothécaire 164

§ 3. — Procès. — Expertises. — Arpentages. . . . .

§ 4. — Mutations cadastrales. — Rôles de Contributions.

§ 5. — Frais de vente, — de transactions. . . . . .

CHAPITRE VIII.

Examen sommaire des Cadastres étrangers. . 173

§ 1. — Cadastres européens. — Confection et délimitation. 173

§ 2. — Cadastres européens. — Conservation et Hypothèques. 186

§ 3. — Cadastres extra-européens. 192

CONCLUSION.

Résumé général. . . . .

FIN DE LA TABLE

Imp. PAIRAULT et Cie, 3, Passage Nollet, Paris. (607)

www.ingramcontent.com/pod-product-compliance
Ingram Content Group UK Ltd.
Pitfield, Milton Keynes, MK11 3LW, UK
UKHW022057260726
13993UKWH00001B/167